Ingrid Retterath

Bergisches Land

Schlösser und Burgen

Wartberg Verlag

Fotografie

Alle Fotografien stammen von Ingrid Retterath,
mit Ausnahme von:
S. 12, 20, 21 u., 44, 68, 69: © Aurelia Retterath;
S. 36–37: © Corinna Watterlohn.

Umschlagvorderseite: Schloss Bensberg;
Umschlagrückseite: Wasserburg Haus zu Haus.

Literatur

Ebidat, die Burgendatenbank des Europäischen Burgeninstituts, www.ebidat.de
Fischer, Helmut, Kleine Geschichte von Stadt Blankenberg. Hennef 2007
Gerhard, Oswald, Eckenhagen und Denklingen im Wandel der Zeiten. Eckenhagen, 1953.
Heimig, Hans Dieter und Walterscheid-Müller, Bernhard: Lohmarer Sagen und Geschichten. Lohmar 1983.
Heinrichs, P. Jos., Geschichte des Bergischen Landes, seiner Burgen, Rittersitze, Abteien und geschichtlich merkwürdigen Orte. Köln, 1890.
KuLaDig – Kultur. Landschaft. Digital. Das Kulturinformationssystem des Landschaftsverbands Rheinland, www.kuladig.de
Landschaftsverband Rheinland: Inventare nichtstaatlicher Archive, 21 Urkunden und Akten der Neuenahrer Herrschaften und Besitzungen Alpen, Bedburg, Hackenbroich, Helpenstein, Linnep, Wevelinghoven und Wülfrath sowie der Erbvogtei Köln. Köln, 1977.
Link, Randolf und Cyriax, Christiane: Faszination Altenberg. Burg – Grafschaft – Klostergründung.
Oberbergischer Kreis: Im Fokus – Museum und Forum Schloss Homburg. Nümbrecht, 2016.
Wollschläger, Hermann Maria, Burgen und Schlösser im Bergischen Land. Köln, 1990.
von Zuccalmaglio, Vinzenz Jakob (genannt Montanus), Die Vorzeit der Länder Cleve-Mark, Jülich-Berg und Westphalen, Band I. Elberfeld, 1870

1. Auflage 2023

Layout und Satz: Christiane Zay, Passau
Druck und Bindung: optimal media GmbH, Röbel an der Müritz

34281 Gudensberg-Gleichen, Im Wiesental 1
Telefon: 0 56 03-9 30 50
www.wartberg-verlag.de
ISBN 978-3-8313-3308-0

Inhaltsverzeichnis

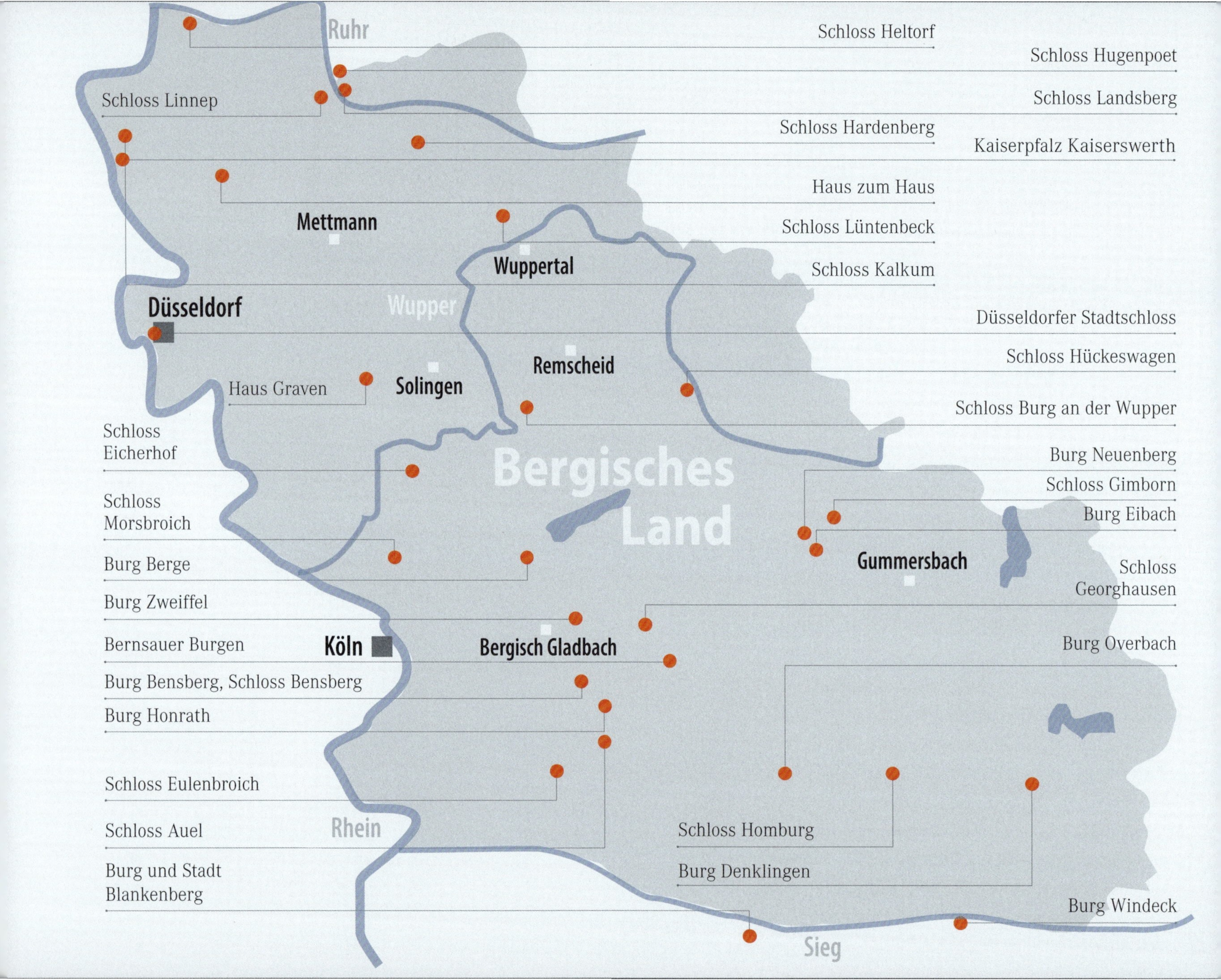
Ruhr
Schloss Heltorf
Schloss Hugenpoet
Schloss Linnep
Schloss Landsberg
Schloss Hardenberg
Kaiserpfalz Kaiserswerth
Haus zum Haus
Mettmann
Schloss Lüntenbeck
Wuppertal
Schloss Kalkum
Düsseldorf
Wupper
Düsseldorfer Stadtschloss
Schloss Hückeswagen
Remscheid
Haus Graven
Solingen
Schloss Burg an der Wupper
Schloss
Eicherhof
Bergisches
Land
Burg Neuenberg
Schloss Gimborn
Schloss
Morsbroich
Burg Eibach
Gummersbach
Burg Berge
Schloss
Georghausen
Burg Zweiffel
Bernsauer Burgen
Köln
Bergisch Gladbach
Burg Overbach
Burg Bensberg, Schloss Bensberg
Burg Honrath
Schloss Eulenbroich
Schloss Auel
Rhein
Schloss Homburg
Burg und Stadt
Blankenberg
Burg Denklingen
Burg Windeck
Sieg

Vorwort

Mächtige Herzöge und niederer Adel – Kindesentführungen und Zwangsehen – Zwerge und Elfen. Das Bergische Land steckt voller Geschichte und Geschichten. Dieses Buch erzählt einige davon und begleitet Sie auf einer 1000-jährigen Zeitreise.

Im Mittelpunkt des Geschehens stehen selbstverständlich die Adligen, nach denen die ganze Region benannt wurde: die Grafen von Berg. Adolf gilt als deren Stammvater, er hatte eine kleine Höhenburg auf einem Berg am Dhünnbach. Wie es damals so üblich war, nahm er den Standort seines Wohnsitzes deutscher (Berg) und lateinisierter Form (Monte) in den Namen auf. Ab 1101 erschien er in Urkunden als Graf von Berg. Seinen Nachfahren gelang es, ihr Herrschaftsgebiet in alle Himmelsrichtungen zu erweitern. Dabei waren ihnen fast alle Mittel recht. Bündnisse wurden durch Eheschließungen oder Lehen gefestigt, der wachsende Reichtum erlaubte den Kauf vieler Ländereien. Wer einen solchen friedlichen Weg nicht gehen wollte, sah sich Fehden, Angriffen und Pfändungen gegenüber. Nur ganz wenige Adelsfamilien konnten sich kleine Enklaven im Territorium derer von Berg bewahren. Ein wichtiger Faktor des Machterwerbs war zudem der Usus, die nachgeborenen Söhne in den kirchlichen Dienst zu schicken. Auf diese Weise hatte das Haus Berg engen Kontakt zum Klerus und stellte allein viermal den Erzbischof von Köln.

Die Burg Berge wurde schnell zu klein. Die Grafen von Berg weiteten das Territorium bis nach Altena im Sauerland aus und bauten gleichzeitig ihren neuen Stammsitz Schloss Burg an der Wupper. Nachdem Berg zum Herzogtum erhoben wurde, verlegte der frisch ernannte Herzog Wilhelm I. seinen Regierungssitz ins Stadtschloss Düsseldorf. Von hier wurde auch später das vereinigte Herzogtum Jülich-Kleve-Berg regiert, zur Sommerfrische reiste man nach Benrath, gejagt wurde in Bensberg.

Der Batterieturm von Schloss Burg

Anfangs wurden die Burgen mit einem Wohn- und Wehrturm gebaut. Mit der Verbreitung der Feuerwaffen im 15. Jahrhundert hatten die Burgen ihre Wehrfunktion verloren. Selbst verstärkte Mauern und eigene Kanonen konnten Angreifer nicht lange aufhalten, wenn sie mit Mörsern und Bombarden angriffen. Viele Wehrtürme und Bergfriede wurden zu Wohntürmen umgebaut, Wehrmauern fielen und Wassergräben wurden zugeschüttet. Die wehrhaften Burgen wurden zu repräsentativen Schlössern im Stil des Barock umgestaltet. In zahlreichen zerstörerischen Fehden und Kriegen trugen viele Gebäude schwere Schäden davon. Besonders der Dreißigjährige Krieg (1618–1648), die französische Besatzung unter Napoleon (1794-1815) und die beiden Weltkriege des 20. Jahrhunderts führten zu Zerstörungen. Leider wurden einige Bauwerke auch Opfer verheerender Brände. Besonders heftig traf es das Düsseldorfer Schloss, an das heute nur noch der Schlossturm erinnert.

Indessen blieben auch viele Schlösser und Burgen erhalten. Die Entscheidung für die in diesem Band erwähnten Bauwerke fiel nicht leicht und war keineswegs eine Entscheidung gegen die anderen ebenso geschichtsträchtigen Adelssitze des Bergischen Landes. Ich habe mich bemüht, eine ausgewogene Mischung aus weltberühmten und eher unbekannten Gebäuden zusammenzustellen. Vom perfekt gepflegten Barockschloss bis zur wildromantischen Ruine ist jeder Erhaltungszustand vertreten. Alle können von außen bewundert werden. Ob Sie diese für eine Besichtigung, eine Einkehr oder gar für eine Übernachtung besuchen können, erfahren Sie im jeweiligen Informationskasten.

Ich wünsche Ihnen eine schöne (Zeit-)Reise durch das Bergische Land.
Ingrid Retterath

Einladend – Haupthaus und Nordflügel von Schloss Auel

Schloss Auel – Ein gastfreundliches Wohlfühlschloss

Kaum ein anderer Adelssitz im Bergischen Land wird mit so vielen Berühmtheiten in Verbindung gebracht wie Schloss Auel. Dabei begann alles mit einer kleinen Burg in den Aggerauen.

Von der Wasserburg zum Barockschloss

In einer Urkunde aus dem Jahr 1391 wird ein Adeliger mit dem Namen Peter vanme Awel als Schöffe in Siegburg genannt, auch eine Burg wird dabei erwähnt. Die Gräben der Wasserburg wurden aus dem Birker Bach gespeist, er mündet etwa 300 Meter südöstlich in die Agger. Die Familie van Auel führte wohl ein ruhiges und friedfertiges Leben. Urkundliche Erwähnung finden sie noch einmal Ende des 15. Jahrhunderts als Familie von Meuchen, genannt Auel. Durch Erbfolge wurde die Familie von Proff zu Menden im 17. Jahrhundert zu Burgherren.

Die mittelalterliche Burg wurde abgerissen, als 1763 die spätbarocke Schlossanlage gebaut wurde. Die Burggräben dienten weiterhin als Schutz vor ungewollten Besuchern, auf dem frei gewordenen Areal der Burg entstand ein Schloss mit drei Flügeln. Im mittleren Bauteil befindet sich die Schlosskapelle mit einem fein gearbeiteten Rokokoaltar und zeitgenössischen Gemälden. Sie ist dem heiligen Johannes von Nepomuk geweiht. Er ist als Brückenheiliger bekannt, er wurde in Auel wahrscheinlich eher als Bewahrer des Beichtgeheimnisses wertgeschätzt.

Napoleon Bonaparte machte 1811 bei seiner Inspektion der französischen Rheinarmee fünf Tage Station in Schloss Auel, im Jahr 1815 nächtigte Zar Alexander I. hier.

Seit über 200 Jahren in Familienbesitz

Franziska von Broë war die Tochter des Wahlscheider Bürgermeisters und brachte 1818 das Schloss mit in die Ehe, als sie den Marquis Philippe de la Valette heiratete. Er stammte aus einer französischen Adelsfamilie mit einer langen Ahnenreihe. Der bekannteste Vertreter war Jean de la Valette. Er war der

49. Großmeister des Malteserordens und beim Angriff der Türken auf Malta im Jahr 1565 bereits 70 Jahre alt. Dennoch stellte er sich den Angreifern mit den Worten „Es gibt kein Zurück, nur Sieg oder Tod!“ entgegen und motivierte damit seine Männer so sehr, dass es ihnen gelang, den Angriff abzuwehren. Zu seinen Ehren trägt Maltas Hauptstadt den Namen Valetta.

Viel wichtiger für die Region war sein Nachfahre Adolph Johann Freiherr von La Valette-St. George. Er wurde 1831 im Schloss Auel geboren und machte sich als Medizinalrat und Zoologe in Bonn einen Namen. Den Wahlscheider Kindern brachte er das Bogenschießen bei. Er selbst ging stets mit seiner Flinte aus dem Schloss und wurde von den Wahlscheidern liebevoll „Mösche-Scheeß-Ühm“ genannt, er war also der Spatzen-Schieß-Onkel. Im Jahr 1865 ließ er die Vorburg niederlegen und die Wassergräben zuschütten.

Prinz Friedrich Wilhelm Albert Viktor von Preußen studierte an der von seinem Urgroßvater gegründeten Rheinischen Friedrich-Wilhelms-Universität in Bonn und war 1879 erstmals Gast in Schloss Auel. Nach dem Tod seines Großvaters und seines Vaters wurde er 1888 Deutscher Kaiser. Als Kaiser Wilhelm II. ging er in die Geschichte ein und besuchte noch mehrfach Schloss Auel. Sein Sohn Kronprinz Wilhelm hatte sich ebenfalls für die Bonner Universität entschieden, Rektor der Hochschule war seinerzeit der Aueler Schlossherr und Professor Adolph Johann Freiherr von La Valette-St. George.

Schlosshotel und Golfplatz

Seit 1951 steht die Beherbergung von Gästen für die Familie Valette im Mittelpunkt, das Schloss wird seither als Hotel und Restaurant genutzt. Der wohl prominenteste Gast des Hotels war Soraya Esfandiary-Bakhtiary, die Tochter eines iranischen Botschafters und zweite Ehefrau des Schahs Mohammad Reza Pahlevi. Der Schah hatte sich 1958 von ihr – wie schon von ihrer Vorgängerin – scheiden lassen, weil ein männlicher Thronerbe ausblieb. Erst mit seiner dritten Frau Farah Diba hatte er Söhne, einen Thron konnte aber keiner von ihnen mehr besteigen, denn 1979 endete die Monarchie im Iran. Nach der Scheidung besuchte Soraya des Öfteren das Schloss Auel mit ihren Eltern. Sie sprach fließend Deutsch, denn ihre Mutter war deutschstämmig, Soraya war in Berlin aufgewachsen und ihre Eltern lebten in Köln-Marienburg.

In dem edlen Ambiente des Schlosses und seiner geweihten Schlosskapelle feiern viele Familien ihre Trauungen, Taufen und Hochzeitsjubiläen. Der Schlosspark ist Teil einer gepflegten 27-Loch-Golfanlage, die Teiche auf dem Golfpatz sind Heimat und Laichgewässer für Grasfrösche, Kröten und Molche.

Dem Himmel nah – Wetterfahne der Schlosskapelle

Schlosskapelle Sankt Johannes Nepomuk

Informationen

Das Schloss kann von außen besichtigt werden.

Besucher der Golfanlage, Übernachtungsgäste und Gäste des Restaurants Schloss Auel können auch andere Gebäudeteile ansehen.

Kontakt

Schloss Auel
Haus Auel 1
53797 Lohmar
www.schlossauel.de

Imposant – Bergfried, Palas und Michaelsturm

Burg Bensberg – Wehrhafte Burg und moderner Böhm-Bau

Es ist nicht bekannt, wann auf der Anhöhe über dem Frankenforst die erste Burg erbaut wurde. Zum Teil wird behauptet, dass bereits der römische Kaiser Valentinian I. im Jahr 368 eine Bergfeste anlegen ließ. Archäologische Funde legen nahe, dass hier in der Karolinger- oder Stauferzeit eine Ringfeste mit Wassergraben stand, um die Straße von Köln nach Wipperfürth zu sichern.

Grenzfeste der Grafen von Berg

In einer Urkunde von 1138/1139 wird ein Wicherus de Benesbure als Zeuge genannt. Danach ging die Burg an die Grafen von Berg. Zum Teil wird vermutet, dass bereits Engelbert I. von Berg um 1170 die Raubritter vertrieb, die zu diesem Zeitpunkt auf der Burg lebten. Er - oder einer seiner Erben - wählte den hoch gelegenen Felsvorsprung wegen seiner guten Aussicht ins Rheintal. Spätestens 1218 befand sich Bensberg im Besitz derer von Berg, denn in diesem Jahr wurden Graf Adolf III. von Berg und sein Bruder Erzbischof Engelbert I. in einer Urkunde erwähnt, die in der Burg Bensberg ausgestellt wurde.

Die fast ovale Kernburg war mit einer 1,8 Meter starken Ringmauer umfasst und bildete eine wichtige Verteidigungsanlage für die Grafen von Berg. Anfang des 13. Jahrhunderts entstand der fünfgeschossige Bergfried, er wurde im Norden auf die Ringmauer aufgesetzt und hat deshalb einen fünfeckigen Grundriss. Wahrscheinlich wurde er in zwei Phasen gebaut, denn die unteren drei Geschosse wurden aus Bruchstein gemauert, die beiden oberen aus Tuffsteinquadern.

Südlich an den Bergfried schloss sich der Palas an, der ebenfalls auf die Ringmauer gebaut worden war. Der Haupteingang lag zwischen dem Palas und dem Engelbertturm, weiter südlich ragte der auf das 14./15. Jahrhundert datierte Michaelsturm empor. Die ursprünglich wehrhafte Bauweise der Burg verlor durch die Entwicklung der Feuerwaffen im 14. Jahrhundert an Bedeutung. Die Burg wurde zu Wohnzwecken und als Verwaltungssitz ausgebaut. Seit 1413 wird sie in den Urkunden als Schloss bezeichnet. Der Architekt Maximilin Pasqualini baute das Schloss Mitte des 16. Jahrhunderts für Herzog Wilhelm IV. im Renaissancestil aus und ergänzte das Wohnhaus um ein drittes Geschoss. Nach dem Tod von Herzog Johann Wilhelm I. erlosch das Haus Jülich-Kleve Berg, die Erben zeigten kein Interesse an Bensberg.

Nach den Zerstörungen im Dreißigjährigen Krieg wurde das Gebäude nicht wieder vollständig aufgebaut. Zwar nutzte Kurfürst Johann Wilhelm II. von der Pfalz, der im Volksmund Jan Wellem hieß, das Schloss Bensberg mit seiner Gemahlin Anna Maria Luisa de'Medici noch eine Weile als Jagdschloss. Es wurde ihnen aber zu klein für ihr Gefolge, also gaben sie 1703 ein größeres Schloss oberhalb des alten Gebäudes in Auftrag. Das alte Schloss rutschte in die Bedeutungslosigkeit und verfiel.

Umbau zum Rathaus

Im Jahr 1815 fiel Bensberg zunächst an die Preußen, die es 1859 an den Bensberger Pfarrer Leopold Graf Spee verkauften. Er baute es zu einem Kloster für die Schwestern vom Orden der Armen Dienstmägde Jesu Christi um. Sie betrieben darin bis in die 1950er-Jahre ein Krankenhaus, danach stand die Burg lange leer.

Im Jahr 1962 beschloss der Rat der Stadt Bensberg, auf den Resten des alten Schlosses ein Rathaus zu errichten. Den Architektenwettbewerb gewann der Kölner Architekt Gottfried Böhm. Seine gewagte Planung kombinierte die Reste der alten Burganlage mit einem modernen Sichtbetonbau. Von der früheren Kernburg konnten der Bergfried und der Kerker erhalten werden, die Vorburg ist am Engelbertturm und Michaelsturm zu erkennen.

Zwischen 1964 und 1969 entstand ein grauer Betonbau mit einem auffälligen Treppenturm. Er hebt sich deutlich von seiner Umgebung ab und steht in starkem Kontrast zu dem edlen Neuen Schloss im Hintergrund. Der Böhm-Bau stieß auf großes internationales Interesse, zum Teil war sogar anerkennend von „Neue Akropolis“ und „kristallinisch gefrorenem Barock“ die Rede. Die Bevölkerung war nicht ganz so begeistert und nennt den Treppenturm „Aapefelse“, also „Affenfelsen“. Nachdem Bensberg im Rahmen der kommunalen Neuordnung zum Stadtteil von Bergisch Gladbach geworden war, wird das Bensberger Rathaus nur noch von einer Abteilung der Stadtverwaltung und für die Sitzungen des Stadtrats und seiner Ausschüsse genutzt.

Informationen

Die Burg kann von außen jederzeit angesehen werden, von innen nur in ausgewählten Bereichen zu den Verwaltungszeiten.

Kontakt

Burg Bensberg, Rathaus Bensberg
Wilhelm-Wagener-Platz 1
51429 Bergisch Gladbach-Bensberg
www.bergischgladbach.de

Ungewöhnlicher Grundriss – der fünfeckige Bergfried

Kontrast – alte Mauern und junger Sichtbeton

Schloss Bensberg – Jan Wellems Liebesbeweis

Das Schloss mit der Bronzeskulptur „Die Häßliche grüßt die Schöne“

Die Aussichtsterrasse am Restaurant Vendôme

Ferdinand III. war Kaiser des Heiligen Römischen Reichs Deutscher Nation. Im Herbst 1678 verheiratete er seine Tochter Erzherzogin Maria Anna Josepha von Österreich mit Johann Wilhelm Joseph Janaz von der Pfalz. Dieser wurde für die Eheschließung zum Herzog von Jülich und Berg ernannt. Es folgten traurige Jahre, denn 1683 und 1686 starben ihre beiden Söhne jeweils unmittelbar nach ihrer Geburt. Maria Anna selbst verstarb bei einem Besuch am kaiserlichen Hof in Wien 1689 an Tuberkulose.

Nach dem Tod seines Vaters übernahm Johann Wilhelm 1690 das Amt des Kurfürsten. Die Hoffnung auf eine glückliche Ehe und einen Stammhalter hatte er noch nicht aufgegeben. Also heiratete er 1691 die Prinzessin Anna Maria Luisa de'Medici. Es war eine arrangierte Ehe, dennoch ging sie als glücklich in die Geschichtsbücher ein. Ihr zu Liebe ergänzte der Kurfürst das Düsseldorfer Schloss um einen Festsaal, ein Ballhaus, ein Theater und weitere Gebäude. Johann Wilhelm und Anna Maria Luisa liebten die schönen Künste, insbesondere die Musik und die Malerei. Der Bau einer Gemäldegalerie und eines Opernhauses gehen auf ihre Initiative zurück, sie machten aus ihrer Residenzstadt ein internationales Kunstzentrum.

Das Jagdschloss mit Domblick

Eine weitere gemeinsame Leidenschaft war die Jagd. Am liebsten bewohnten sie dafür die Burg Bensberg. Sie bot eine gute Aussicht über die waldreiche Hügellandschaft, die Anna Maria Luisa an ihre Heimat in der Toskana erinnerte. In der alten Burg wurde es bald zu eng für den Hofstaat Jan Wellems, wie er im Volksmund genannt wurde. Er beauftragte 1703 den venezianischen Architekten Matteo Graf Alberti mit dem Bau eines Barockschlosses auf dem Hügel oberhalb der alten Burg.

Die Mittelachse des streng symmetrisch gestalteten Gebäudekomplexes ist genau auf den Kölner Dom ausgerichtet. Der dreiflügelige Hauptbau ist dreieinhalb Geschosse hoch und schließt mit einer achteckigen Laterne in der Dachmitte ab. Vier kleinere Laternen sind auf den Haubendächern der vier Haupttreppenhäuser zu sehen. Auf der Hofseite schließen sich zwei Seitentrakte unmittelbar an den Hauptbau an, sie sind zweieinhalbgeschossig gebaut. Jeweils nach außen versetzt standen eingeschossige Wachhäuser vor den Seitentrakten und gaben dem prachtvollen Ehrenhof eine besondere Weite.

Jan Wellem wollte seine toskanische Prinzessin glücklich machen und beauftragte die besten Baumeister und Künstler ihrer Zeit mit der Innengestaltung. Die Wände, Decken und Treppenhäuser wurden mit den feinsten Gemälden, Fresken und Bildhauerarbeiten verschönert. Der niederländische Maler Jan

Die Allee vor dem Nordflügel

Axial ausgerichtet auf den Kölner Dom

Weenix gestaltete die Jagdmotive, der venezianische Maler Domenico Zanetti malte das Fresko „Sturz der Giganten" in die Kuppel des heutigen Zanetti-Saals. Sein Landsmann Antonio Bellucci entwarf ein Deckengemälde speziell für den Kurfürsten und der ebenfalls venezianische Historienmaler Giovanni Antonio Pellegrini stattete Schloss Bensberg mit 40 großformatigen Wand- und Deckengemälden aus.

Jan Wellem erlebte die Fertigstellung des Schlosses nicht mehr. Nach seinem Tod im Jahr 1716 kehrte seine Witwe nach Florenz zurück. Die Nachfolge als Kurfürst trat sein jüngerer Bruder Karl Philipp an, er hatte aber kein Interesse an den Besitztümern im Rheinland und residierte in der Pfalz. Schloss Bensberg wurde nur noch selten für Jagdausflüge genutzt, auch wenn sich berühmte Gäste wie Johann Wolfgang von Goethe ganz begeistert von der Lage und Gestaltung zeigten. Die kostbare Innenausstattung wurde nach Düsseldorf, Brühl und München gebracht, das Gebäude verfiel zusehends.

Vom Lazarett zum Schlosshotel

Nach dem Beginn der Koalitionskriege war das Schloss ab 1793 Militärlazarett und Verwaltungssitz des französischen Generals Bastoul. Die Preußen übernahmen das Gebäude 1840 und rissen die Kapelle ab. Ein enormer Teil der bis dahin noch erhaltenen Innenausstattung ging verloren, als das Gebäude zu einer Kadettenanstalt umgebaut wurde. Ohne Rücksicht auf den historischen und künstlerischen Wert wurde alles entfernt und übertüncht, was nicht dem Stil einer schlichten Kaserne entsprach. Nach dem Ersten Weltkrieg wurden in dem ehemaligen Schloss die Besatzungstruppen untergebracht, danach obdachlose Familien. Von 1935 bis 1945 war es eine Nationalpolitische Erziehungsanstalt der NSDAP, danach nutzten die amerikanischen, englischen und belgischen Besatzungstruppen es als Kaserne. Ab 1965 beherbergte es ein belgisches Gymnasium. Mit dem Umbau zum Hotel erstrahlt Schloss Bensberg seit 1997 in einem neuen Glanz.

Informationen

Wegen des Hotelbetriebs kann das Schloss nur von außen besichtigt werden. Das Hotel verfügt über 84 Zimmer und 36 Suiten. Auch ohne Übernachtung zugänglich sind die Trattoria Enoteca sowie die Restaurants „Jan Wellem" und „Vendôme", Letzteres wurde unter Leitung von Joachim Wissler mit drei Michelin-Sternen ausgezeichnet.

Der Bergische Streifzug 13, Bensberger Schlossweg, ist ein 9,3 km langer Rundweg und beginnt bzw. endet am Schloss.

Kontakt

Althoff Grandhotel Schloss Bensberg
Kadettenstraße
51429 Bergisch Gladbach-Bensberg
www.althoffcollection.com

Burg Berge – Sagenhafte Stammburg der Grafen von Berg

Der Burgberg von Burg Berge

In einem Buch über die Burgen im Bergischen Land darf die Burg Berge nicht fehlen: Die Wiege des Bergischen Landes, quasi das Epizentrum des Bergischen Landes, stand auf einer unscheinbaren Anhöhe oberhalb der Dhünn. Daran erinnert im Grunde nur noch der Name der Ortschaft Altenberg, den die meisten Ausflügler nur mit dem Altenberger Dom in Verbindung bringen.

Wie alles begann

Die Geschichtsforscher haben sehr unterschiedliche Ideen zu den Anfängen der Burg und ihrer Bewohner. Sie sind sich nicht einig, wann der erste Adlige den Zusatz „von Berg" in seinem Namen führte. Eine recht frühe Vorstellung war folgende: Unter Karl dem Großen und seinen Nachkommen war das Kaiserreich in Provinzen und Gaue eingeteilt. Unter Kaiser Otto I. wurden fünf rechtsrheinische Gaue zu einer Grafschaft mit erblicher Grafenwürde vereinigt und Hermann von Teisterbant für treue Dienste überschrieben. Teilweise wird vermutet, dass er damals in einer Motte oberhalb der Dhünn lebte. Dies wird heute ebenso angezweifelt wie die Echtheit von Urkunden aus dem späten 10. und frühen 11. Jahrhundert, in denen die Namenszusätze „de Berge" oder - lateinisiert - „de Monte" zu lesen sind.

Vermutlich wurde Graf Adolf I. von Berg hier um 1045 geboren, er tauchte bereits 1080 in Urkunden des Kölner Erzbistums auf. In einer Urkunde des Kaisers Heinrich IV. wurde Adolf von Berg erstmals als Graf bezeichnet.

Die Burg auf dem Berge

Vielleicht war es sein Vater, wahrscheinlicher aber dieser Graf Adolf, der um das Jahr 1060 eine Burg auf dem Bülsberg gründete und ganz einfach Burg Berge nannte. Vermutlich war es zunächst eine Motte in Holzbauweise, die später teilweise durch Steinbauten ersetzt wurde.

Auf einem etwa 75 Meter langen und 10 bis 30 Meter breiten Schiefer-Plateau mit steil abfallenden Hängen wurden 1981 bei einer archäologischen Untersuchung eine Hauptburg und ein Wirtschaftsbereich mit Fachwerkwänden und Bruchsteinmauern bestätigt. Da von der eigentlichen Burg kaum etwas erhalten ist, konzentrierten sich die Archäologen auf die Untersuchung der Abfallhaufen an den steilen Flanken des Burgbergs. Die Burg muss prächtig ausgestattet gewesen sein, denn die Fußböden bestanden teilweise aus wiederverwendeten römischen Dachziegeln. Ferner konnten Schieferdächer, aus Italien stammende Fliesen und weiß verputzte Wände nachgewiesen werden. Das war im 11. Jahrhundert eine sehr gehobene Wohnsituation. Dieser Eindruck einer luxuriösen Burg wird durch Silbermünzen, Bleiverglasungen und Teile von vergoldetem Pferdegeschirr abgerundet.

Unter Laub versteckt - Mauerreste der Burgruine

Stattlicher Prachtbau – die Burg Altena

Planungen für ein Kloster

Vermutlich schon im Jahr 1118 begannen die Grafen von Berg mit dem Bau der neuen Burg, die später als Schloss Burg an der Wupper in die Geschichtsbücher eingehen sollte. Zwischenzeitlich hatte Graf Adolf II. seinen Vater beerbt. Seine beiden Brüder gingen den kirchlichen Weg: Bruno machte sich als Erzbischof Bruno II. von Köln einen Namen, Eberhard wurde Mönch im Kloster Morimond im Burgund.

Nach der Verlegung des Stammsitzes nach Burg sollte die alte Burg zu einem Zisterzienserkloster umgebaut werden. Zwölf Mönche aus dem Kloster Morimond lebten während der Umbauarbeiten in den Resten der alten Burg und erweiterten das Plateau auf die doppelte Fläche. Doch bald wurde klar, dass die Auen im Dhünntal viel geeigneter für den Bau eines Klosters und für den zisterziensischen Lebensalltag waren. Die Dhünn bot Trinkwasser, Fische und Wasserkraft zum Antrieb einer Kornmühle. Das Material der Burganlage wurde zum Bau des Klosters verwendet. Von der alten Burganlage sind heute nur noch einige wenige Mauerreste auf den beiden Burghügeln erhalten.

Aus dem Dhünntal nach Altona und an die Wupper

Unten im Tal hingegen entstand ein prächtiges Kloster, das mit seinem 1276 eingeweihten Dom bis heute Besucher aus aller Welt anlockt. Bis zur Fertigstellung von Neuenburg residierte Graf Adolf II. auf Burg Altena und ließ die Burg 1152 ausbauen, sein Sohn Eberhard wurde zum ersten Graf von Berg-Altena. Diese Burg ganz im Osten des Territoriums der Grafen von Berg ist sehr sehenswert. Sie ist eng verbunden mit dem Jugendherbergswerk, denn der Altenaer Lehrer Richard Schirrmann hatte in der Nachbarschaft der Burg 1909 die weltweit erste Jugendherberge eröffnet und verlegte sie 1912 in die Burg Altena.

Graf Adolf II. blieb trotz aller Neubauten und Gebietsgewinne seinem Altenberg treu, 1160 trat er als Mönch ins Kloster Altenberg ein und fand dort nach seinem Tod die letzte Ruhe. Bis ins 16. Jahrhundert war das Kloster Altenberg die Grablege für die Grafen von Berg.

Informationen

Das Burggelände liegt in Sichtweite eines Wanderwegs. Das Burgareal ist ein eingetragenes Bodendenkmal und liegt in einem Naturschutzgebiet. Der Besuch des zentralen Burgbereichs ist daher nur im Rahmen der von LuGeV (Landschaft und Geschichte e. V.) organisierten Führungen möglich.

Der Altenberger Dom ist unbedingt einen Besuch wert.

Auf dem 3,4 km langen Altenberg Rundweg A 1 wandern Sie vom Altenberger Dom hinauf zur Ruine der Burg Berge und an der Dhünn entlang. Dabei ergibt sich ein Ausblick auf Schloss Strauweiler, welches leider nicht besichtigt werden kann.

Kontakt

Burg Berge
51519 Odenthal
www.lugev.de

Burg Altena
Fritz-Thomee-Straße 80
58762 Altena
www.maerkischer-kreis.de

Die erste Jugendherberge der Welt

Die Bernsauer Burgen – Rittersitze in den Auen der Agger

Einst standen in der Aggerniederung zahlreiche Rittersitze. Zwei davon tragen den klangvollen Namen Bernsau und es wird gesagt, dass der ursprüngliche Name Bärenau gewesen sei.

Der Kamin von Burg Großbernsau ist noch zu erkennen

Die geraubte Grafentochter

Das geht auf eine alte Sage zurück: Graf Engelbert I. von Berg lebte mit seiner schönen Gemahlin Gerita von Geldern und den gemeinsamen Kindern Engelbert, Adolf und Jutta in der Burg Bensberg. Der Überlieferung nach entfernte sich das Töchterchen bei einem Familienspaziergang von der Familie, um am Waldrand Maiglöckchen zu suchen. Eine zottige Bärin sprang aus dem Forst, erfasste das Kind und zerrte es tief in den Wald. Der Graf eilte hinterher, doch verlor er bald die Spur. Auch eine gemeinsame Suche mit seinem Burgvogt und allen Knechten verlief zunächst erfolglos. Die Gräfin betete in der Burgkapelle voller Verzweiflung zu Maria – und das Gebet wurde erhört! Der Burgvogt entdeckte die Spur der Bärin, folgte ihr bis zu einer Wiese an den Agger und fand das Mädchen schlafend auf der toten Bärin vor. Als Jutta erwachte, erzählte sie ihm, dass sie geträumt habe, eine Bärin habe sie gebissen. Dann aber sei die Mutter Gottes erschienen, habe die Bärin mit einem Blitz getötet und alle Wunden des Mädchens geheilt. An diesem wundersamen Ort ließ der dankbare Graf eine Kapelle und eine Burg bauen. Er nannte sie Bärenau und gab sie dem wackeren Burgvogt zu Lehen.

Die Burg Altbernsau

Vielleicht hieß dieser Burgvogt Adolf oder Adolfus. Denn so lautete der Name eines Mannes, dessen Söhne Adolfus, Theodericus und Henricus de Bernsowe 1218 als Gefolgsleute des Grafen Adolf III. von Berg am Fünften Kreuzzug teilnahmen und nach der Eroberung von Damiette urkundlich erwähnt wurden.

Jedenfalls wurde an der Agger eine kleine Burg namens Bernsau gebaut, wahrscheinlich handelte es sich um ein zweigeschossiges Herrenhaus mit zwei Flügeln und einem Turm. In der Folgezeit wurde Adolfus' Sohn Gerhardus zum Untertruchsess des Kölner Erzbischofs. Danach kam es zum Bruch mit dem Erzbischof, denn Gerhards Söhne Ulrich, Adolf, Giselbert und Tilmann standen 1291 im Soldbuch der Stadt Köln, kämpften also wahrscheinlich 1288 in der Schlacht von Worringen gegen den Erzbischof.

Anfang des 14. Jahrhunderts wurde den Herren von Bernsau die Burg zu klein und sie begannen mit dem Bau einer neuen Burg einige Kilometer flussabwärts. Zum Bau der neuen Burg musste Emmerich von Bernsau einige Güter an die Abteil Siegburg verpfänden, es kam daher 1348 zu einer Besitztrennung. Abt Wolfhard von Siegburg gab Großbernsau an Emmerich und seinen Bruder Ulrich als Lehen Siegburgs. Die Burg Bernsau wurde nun Altbernsau oder Kleinbernsau genannt, fiel an ihren Schwager Wilhelm von Bellinghausen und war bis ins 17. Jahrhundert im Besitz seiner Familie. Der kurpfälzische Geheimrat Jakob von Codenee erwarb 1715 das Gebäude mit der Auflage, das Herrenhaus

Im Wald versteckt – Ruine Großbernsau

Informationen

Das Rittergut von Altbernsau ist heute ein Landwirtschaftsbetrieb und kann nur von außen angesehen werden.

Die Ruine von Großbernsau liegt heute in einem Waldstück zwischen der B 55, der A 4 und dem Gewerbegebiet Hammermühle.

Kontakt

Altbernsau
Bernsau 1
51491 Overath

Großbernsau
Kölner Straße (B 55)
51491 Overath

instand zu setzen. Sein Wappen ist noch über der Eingangstür zu sehen. Heute wird das Anwesen von der Familie Lüdenbach bewirtschaftet.

Großbernsau wird neuer Familiensitz

Die Familie von Bernsau lebte nun in Großbernsau, auch Neubernsau genannt. Diese Wasserburg hatte einen ovalen Zuschnitt, maß etwa 45 mal 30 Meter und war von einem großen rechteckigen Teich umgeben. Auf dem ursprünglich etwa vier Meter hohen Hügel im Zentrum wurde ein Wohnturm aus Bruchsteinen erbaut. Nachdem die männliche Linie derer von Bernsau mit dem Tod Wilhelms IV. von Bernsau 1532 ausstarb, ging die Burg über seine Tochter Barbara an deren Gemahl Godert von Wylich. Durch Erbschaft und Heirat fiel Großbernsau später an die Familien von Schoeller, von Steinen und von Schaesberg.

Die Burg wurde bis 1785 bewohnt und verfiel danach. Die Familie von Schaesberg verkaufte ihre Besitzungen und die Ruine 1904 an Johann Dünn aus Köln. Zu dieser Zeit war nur noch die Ruine des Wohnturms übrig. Dessen Südwand stürzte 1940 ein. Seit 2009 ist die Stadt Overath Eigentümerin der Burgruine. Heute ist nur die etwa zehn Meter hohe Westwand erhalten, hier verlief der noch gut erkennbare Abzug eines Kamins und gab ihr genau die Stabilität, die nötig war, um alle anderen Mauern zu überdauern. Auch einige Trümmer der Südwand sowie der Wassergraben sind noch zu erkennen und wurden durch den Landschaftsverband Rheinland ab 2000 restauriert.

Fachwerkidylle in Altbernsau

Blick auf die Burg vom Sieghöhenweg aus

Burg und Stadt Blankenberg – Juwel auf dem blanken Berg

Die Siegebene und die angrenzenden Höhenlagen waren im 12. Jahrhundert Streitobjekte der Erzbistümer Köln und Trier, der Landgrafen von Thüringen und der Grafen von Berg. Die Grafen von Sayn im südlichen Westerwald wollten ihren Machtbereich ebenfalls zur Sieg ausweiten. Bei den folgenden Territorialstreitigkeiten ließ der Kölner Erzbischof Arnold II. im Jahr 1152 die Sayn'sche Stammburg bei Bendorf zerstören.

Ausweichsitz der Grafen von Sayn

Die Grafen von Sayn vermieden in der Folgezeit weitere Auseinandersetzungen. Sie übertrugen Burg und Hof Sayn an den Trierer Erzbischof und bauten enge Beziehungen zu den Kölner Erzbischöfen auf. Zum Ausgleich erhielten sie die Möglichkeit, eine Befestigung auf einem unbewaldeten Felssporn hoch über der Sieg zu errichten. Dieser „blanke Berg" erklärt sogleich den Namen der Burg.

Wann genau hier die erste Burg entstand, ist unbekannt. Es dürfte Mitte des 12. Jahrhunderts, also kurz nach der Zerstörung der Sayn'schen Burg gewesen sein. Erstmals urkundlich erwähnt wurde Blankenberg 1181, als Abt Gerhard von Siegburg sich beim Papst gegen den Burgbau wehrte und die grundherrlichen Rechte der Abtei an dem Areal nachweisen konnte. Der Papst wies daraufhin den Bonner Propst an, den Grafen von Sayn und alle männlichen Burgbewohner zu exkommunizieren, wenn die Abtei für den Burgbau nicht entschädigt werde. Schon 1182 näherten sich die Grafen und die Mönche im Neußer Vergleich an, beide Parteien waren zu weitreichenden Zugeständnissen bereit.

Die Brüder Graf Eberhard I. und Heinrich I. von Sayn bauten eine große Befestigungsanlage mit vier Türmen, Vor- und Hauptburg. Ihre bis heute an vielen Stellen erhaltene Festungsmauer umschließt eine Fläche von knapp 5,2 Hektar. Der Kölner Erzbischof erwarb 1188 das „castrum blankenberg" und belehnte die Grafen von Sayn mit dem Besitz. Die Burgkapelle St. Georg entstand um 1200 auf Betreiben von Eberhards Sohn, Graf Heinrich II., und dessen Gattin Agnes von Saffenburg.

Ihr Sohn Graf Heinrich III. von Sayn und seine Frau Mechthild von Meißen-Landsberg hatten keine eigenen Kinder. Ihre Gutherzigkeit sollte ihnen später fast zum Verhängnis werden: Nach dem Tod des Landgrafen Ludwig IV. von Thüringen 1227 bei einem Kreuzzug nach Jerusalem wurde Konrad von Marburg zum Vormund für die junge Witwe, der späteren heiligen Elisabeth von Thüringen und nahm ihr die Kinder ab. Ihr ältester Sohn blieb in Thüringen, die beiden Töchter Sophie und Gertrud übergab er dem Grafenpaar als Pflegekinder. Konrad von Marburg entwickelte sich zu einem gefürchteten Inquisitor und Ketzerverfolger, der auch vor Adligen und Klerikern nicht Halt machte. Im Jahr 1233 nahm er Graf Heinrich III. ins Visier und klagte diesen als Ketzerfreund an. Doch er blieb erfolglos, Heinrich III. konnte den Vorwurf von sich weisen.

Das Grafenpaar war dem Dorf Blankenberg zugetan, das sich im Schutz der Burg zu einem liebenswerten Ort entwickelt hatte. Sie verliehen der kleinen Siedlung 1245 die Stadtrechte, sodass die Einwohner nun die gleichen Freiheiten genossen wie die Bewohner größerer mittelalterlicher Städte. Ab 1245 entstand auch die Neustadt, die bis heute ihre Besucher begeistert. Der Graf galt bei seinen Zeitgenossen als Kunstkenner und gastfreundlicher Gönner. Als Heinrich III. in der Silvesternacht 1246/47 kinderlos starb, fiel das Erbe an seine Schwestern Adelheid und Agnes, wobei sein Neffe Heinrich I. von Heinsberg die Besitztümer in Blankenberg erhielt.

Blankenberg wird bergisch

Nach dem Tod Heinrichs III. von Sayn verlor Blankenberg wieder an Bedeutung, seine Erben bewohnten die Burg nicht und verpfändeten im Jahr 1363 Burg, Stadt und alle Besitztümer an die Grafen von Berg. Diese setzten einen Amtmann ein, das Amt Blankenberg wuchs bis Ende des 15. Jahrhunderts zum größten Amt des Herzogtums Berg heran.

Im Dreißigjährigen Krieg wurde die Burganlage nahezu vollständig zerstört. Wegen der enormen ursprünglichen Größe der Anlage sind dennoch etliche sehenswerte Bauteile bis heute erhalten, so die starke Schildmauer, die Vorburg mit Rundturm und Torturm, das Pfortenhaus, Reste des Palas und der schlanke Bergfried. Vom mächtigen Bastionsturm hat man einen schönen Blick in die Täler von Sieg und Ahrenbach.

Erst 1805 verlor Blankenberg die Stadtrechte, der Gesamteindruck einer kleinen mittelalterlichen Stadt bleibt aber durch die vielerorts noch intakten Stadtmauern der Neustadt bestehen (die Altstadt lag zwischen Vorburg und Neustadt). Inzwischen gehört die Hauptburg der Stadt Hennef, die Vorburg ist in Privatbesitz, der Gesamtkomplex wurde 1985 unter Denkmalschutz gestellt. Die letzte Restaurierung erfolgte im Jahr 2006, seither bewirtschaften freiwillige Helfer einen Burggarten mit mehr als 200 Heil- und Küchenkräutern.

Informationen

Eine Besichtigung der Burganlage und des Bastionsturms ist zwischen April und September möglich, immer dienstags bis donnerstags von 10 bis 18 Uhr, Eintritt frei.

Besonders eindrucksvoll ist ein Besuch der mittelalterlichen Stadt Blankenberg bei einer Nachtwächterführung.

Kontakt

Burgruine Blankenberg
Burg 1
53773 Hennef

Der Bergfried und die noch bewohnte Vorburg

Der Sankt-Georgs-Turm

Siegtalblick vom Sankt-Georgs-Turm

Grabentor und Schloss Burg – Ansicht aus dem Hofgarten

Schloss Burg an der Wupper – Prachtburg der Grafen von Berg

Sie ist die bekannteste Burg im Bergischen Land, doch ihre Anfänge liegen im Nebel der Geschichte. Auf den Resten einer älteren Befestigungsanlage begann Graf Adolf II. von Berg-Altena mit dem Bau einer neuen Burg. Seine Stammburg im heutigen Altenberg war ihm zu klein geworden und lag zu nah an der westlichen Grenze der Grafschaft.

Burg ohne Namen

Der genaue Baubeginn lässt sich nicht datieren, in einer nicht mehr auffindbaren Urkunde des Klosters Altenberg soll bereits im Jahr 1118 von Arbeiten an einem „novum castrum“ die Rede gewesen sein. In den Jahren 1130 bis 1133 werden die Bauarbeiten schon voll im Gange gewesen sein, denn bestimmt hatte der Graf bereits ein neues Domizil in Aussicht, als er die alte Stammburg aufgab und dem Zisterzienserorden schenkte. Bis zur Fertigstellung der neuen Burg lebte er auf Burg Altena, die er 1152 ausbauen ließ.

Die neue Burg oberhalb der Wupper bestand aus dem Bergfried, dem Palas und mehreren Wirtschaftsgebäuden. Nach Osten war sie durch eine Schildmauer besonders geschützt. Eine erste urkundliche Erwähnung fand die Burg „novo monte“ im Jahr 1160, auch die Pankratiuskapelle wurde darin bereits erwähnt. Besondere Bedeutung hatte die Burg für Graf Adolf II. vermutlich nicht, denn sie war ihm nicht einmal einen eigenen Namen wert, sondern wurde schlicht als neue Burg oder Neuenburg bezeichnet. Des Grafenlebens müde, teilte er die Grafschaft noch im selben Jahr zwischen seinen Söhnen Eberhardt und Engelbert auf, ging zurück nach Altenberg und trat dort ins Kloster ein.

Eberhardt ging als Graf von Altena nach Westfalen, Engelbert wurde Graf von Berg und übernahm die rheinischen Gebiete. Er konnte durch politisches Geschick und gutes Wirtschaften seine Besitztümer mehren, bald zählten auch die Burgen in Windeck, Bensberg und Elberfeld dazu. Anfang 1189 verpfändete der Edelherr Arnold von Teveren seinen rechtsrheinischen Besitz an Engelbert I., löste dieses Pfand aber nie ein, sodass nun auch Besitzungen in Düsseldorf, Holthausen, Monheim und an der Anger hinzukamen. Kurz darauf brach er im Gefolge Friedrich Barbarossas zum Dritten Kreuzzug auf, starb aber schon im Juli 1189 an der ungarischen Grenze zu Byzanz.

Sein Sohn Graf Adolf III. übernahm das Grafenamt und kämpfte gemeinsam mit seinem Bruder Engelbert 1212 im Albigenserkreuzzug. Adolfs Tochter Irmgard heiratete 1217 den jungen Heinrich von Limburg. Adolf III. starb 1218 im Fünften Kreuzzug bei der Belagerung von Damiette in Ägypten und hinterließ keine Söhne. Sein Bruder war zwischenzeitlich zum Erzbischof Engelbert I. von Köln gewählt worden und übernahm die Grafschaft Berg als Graf Engelbert II., obwohl Adolfs Tochter Irmgard nach damaligem Recht erbberechtigt war. Das führte zu Fehden mit Herzog Walram von Limburg, der seinen Sohn Heinrich als Irmgards Gemahl für den rechtmäßigen neuen Grafen von Berg hielt. Der Erzbischof hatte die bessere Machtposition und behielt die Grafschaft Berg, es baute sich jedoch eine starke Opposition gegen seine machtgierige Territorialpolitik auf.

Ausbau zur Residenzburg

Graf Engelbert II. zählte zu den mächtigsten Männern des Kaiserreiches, denn er war zugleich Erzbischof, Reichsverweser für Kaiser Friedrich II. und Vormund des späteren Königs Heinrich VII. Er wählte die Burg zur Hauptresidenz und baute sie so aus, dass sie Raum und Komfort für seine umfangreiche Hofhaltung bot. Es entstand eine repräsentative Hofburg mit Palas, Rittersaal, Kemenate und Burgkapelle. Gesichert war die Burganlage mit Zwingern und doppelten Mauern. Im November 1225 begab er sich auf eine Reise nach Schwelm, um dort eine Kirche einzuweihen. Bei Gevelsberg wurde er von Friedrich von Isenberg und dessen Gefolgsleuten überfallen. Friedrich war für Engelbert II. kein Unbekannter: Er war der Sohn seines Vetters Graf Arnold von Altena und war zudem seit 1214 mit Sophia von Limburg verheiratet, das war die Tochter von Walram IV. und Schwester von Heinrich. Abschließend kann nicht geklärt werden, ob Friedrich von Isenberg den Grafen wirklich ermorden wollte oder ihm nur auflauerte, um ihn gefangenzunehmen und politische Zugeständnisse zu erpressen. Der kampferprobte Graf Engelbert II. setzte sich so heftig zur Wehr, dass es die Angreifer wohl mit der Angst zu tun bekamen. Sie hieben so lange auf ihn ein, bis er sich nicht mehr rührte. Gerichtsmedizinische Untersuchungen im Jahr 1978 wiesen fast 50 potenziell tödliche Verletzungen nach.

Nach Engelberts Tod endeten die Bauarbeiten an der Burg. Der aus der Erbfolge gedrängte Heinrich von Limburg wurde neuer Graf von Berg. Seither ist der limburgische Löwe mit seinem Doppelschwanz das bergische Wappentier. Heinrichs Enkel Adolf V. von Berg nahm 1288 an der Schlacht von Worringen teil. Die Brabanter siegten und nahmen den Kölner Erzbischof Siegfried von Westerburg gefangen. Er wurde über ein Jahr auf der Burg festgehalten. Er musste ein hohes Lösegeld zahlen und einige erzwungene Zugeständnisse machen, um freizukommen. Eins davon erlaubte den Grafen von Berg, eine Stadt am Rhein zu gründen – das spätere Düsseldorf.

Sein Sohn Adolf VI. von Berg starb 1348 kinderlos, seine Nichte Margarete von Ravensberg-Berg und ihr Ehemann Gerhard von Jülich vereinten die Grafschaf-

Der Batterie- und Glockenturm

Die Aussicht vom Bergfried

Der Innenhof mit Saalbau und Kapellenflügel

ten zur mächtigen Grafschaft Jülich-Berg. Ihr gemeinsamer Sohn Wilhelm wurde 1380 in den Herzogstand erhoben, ihn zog es in seine neue Residenz nach Düsseldorf.

Jagdschloss, Gästehaus und Witwensitz

In der Folge ließ Wilhelm von Jülich-Berg die Burg ab 1485 umbauen und erweitern. Wilhelm von Jülich-Berg nutzte sie für zahlreiche Feierlichkeiten und Jagdgesellschaften, dafür ließ er den Palas umbauen und das Dachgeschoss wurde zu Gästezimmern ausgebaut. Große Fenster ersetzten die schmalen Lichtschlitze und die Küche wurde vergrößert. Zahlreiche Türmchen, Erker und Fachwerkaufbauten machten aus der wehrhaften Burg ein ansehnliches Schloss, das nun auch so genannt wurde. Die umliegende Siedlung hingegen wurde weiterhin Burg genannt, und so heißt die Anlage bis heute Schloss Burg.

Den modernen Besucher wird eine Feier im Jahr 1496 irritieren: Ein Gemälde im Rittersaal zeigt den sechsjährigen Johann von Kleve-Mark und die fünfjährige Maria von Jülich-Berg bei ihrer Verlobung, der Kölner Erzbischof verliest in dieser Szene die Verlobungsurkunde. Diese Verlobung ging als Klever Union in die Geschichte ein, sie diente zur Machtsicherung der beteiligten Adelshäuser, denn Maria war das einzige Kind Wilhelms von Jülich-Berg. Die schon so früh vereinbarte Eheschließung fand 1510 statt. Nach dem Tod der beiden herzoglichen Väter entstanden die Vereinigten Herzogtümer, die ein Gebiet umfassten, das weite Teile des heutigen Bundeslandes Nordrhein-Westfalen einschloss. Sie hatten drei Töchter und einen Sohn, den späteren Herzog Wilhelm V. von Jülich-Kleve-Berg.

Nach Johanns Tod im Jahr 1539 wurde Maria das Schloss als Witwensitz zugewiesen. Sie legte bei der Erziehung ihrer Töchter großen Wert auf Handarbeiten, während sie die höfische Ausbildung als unwichtig abtat. Leidtragende war ihre Tochter Anna, die 1540 den englischen König Heinrich VIII. heiraten musste, ohne eine andere Sprache als Niederdeutsch zu verstehen. Nach ihrer ersten Begegnung zeigte er sich so enttäuscht, dass er die Ehe annullieren ließ. Anna war es dennoch bis an ihr Lebensende nicht erlaubt, England zu verlassen.

Schloss Burg verlor in der Folgezeit weiter an Bedeutung. Im Dreißigjährigen Krieg wurde es mehrfach von den verschiedenen Kriegsparteien eingenommen, die kaiserlichen Truppen zerstörten bei ihrem Abzug 1648 alle wehrhaften Teile. Anfang des 19. Jahrhunderts fiel das Herzogtum zunächst an Napoleon Bonaparte, dann wurde es preußischer Staatsbesitz. Als Verwaltungsssitz hatte es keine Verwendung mehr und wurde als Deckenfabrik, Rossmühle und Schule genutzt. Nach 1849 wurde das Gebäude dem Verfall preisgegeben und als Steinbruch verwendet.

Wiederaufbau durch den Schlossbauverein

Der Niedergang des Schlosses wurde im Jahr 1887 gestoppt, indem ein Schlossbauverein gegründet wurde, denn der Wiederaufbau des Schlosses war für viele Menschen ein Herzensanliegen. Schnell kam durch Spendenaktionen, Lotterieerlöse und kreative Veranstaltungen so viel Geld zusammen, dass 1890 mit dem Wiederaufbau begonnen werden konnte. Der Palas wurde 1894 fertiggestellt, nun stiegen die Besucherzahlen und die Innenräume konnten von weiteren

Wehrgang und Hauptburg vom Diebesturm aus gesehen

Der Pranger im Innenhof

Kunstvolle Fenster zieren die Schlosskapelle

Spenden und Eintrittsgeldern mit Möbeln, Rüstungen, Waffen und anderen Ausstellungsstücken ausgestattet werden. Kaiser Wilhelm II. besuchte 1899 Schloss Burg und zeigte sich angetan von der regen Bautätigkeit.

Leider gab es auch Rückschläge: 1902 stürzte der Bergfried ein und 1920 wurde bei einem Dachstuhlbrand fast die ganze Sammlung des Bergischen Museums vernichtet. In der Nachkriegszeit wurde Schloss Burg zu einem Anziehungspunkt für Ausflügler und Touristen und ist es bis heute geblieben. Seit 2018 wird Schloss Burg umfassend saniert, die Arbeiten sollen 2025 enden.

Informationen

Während der Sanierung ist eine Besichtigung weiterhin möglich, der Rundgang wird jeweils auf die zugänglichen Gebäudeteile angepasst.

In der umliegenden Siedlung laden zahlreiche gute Cafés zu einer Einkehr ein. Besonders empfehlenswert ist die Bergische Kaffeetafel, bei der Herzhaftes und Süßes aufgefahren wird. Der Kaffee kommt aus einer bauchigen Kanne namens Dröppelminna, immer dabei sind Burger Brezeln und Bergische Waffeln mit Milchreis.

Mit der Seilbahn Burg können Besucher ganz bequem aus Unterburg hinauf nach Oberburg schweben.

Kontakt

Schloss Burg an der Wupper
Schlossplatz 2
42659 Solingen
www.schlossburg.de

Burg Denklingen – Amtshaus für den Herzog von Berg

Denklingen war vermutlich im 14. Jahrhundert ein Sayn'scher Gerichtssitz. Seine Burg verdankt der Ort den Fehden der Herzöge von Berg. Im Frühjahr 1397 kam es auf dem Neerveld bei Kleve zur Schlacht von Cleverhamm, in der Herzog Wilhelm II. von Berg und seine Verbündeten unterlagen. Sie kamen nur durch Zahlung eines hohen Lösegeldes frei, das durch Verpfändungen bergischer Lehen aufgebracht wurde.

Bergischer Verwaltungssitz

Die damit verbundenen Gebietsverluste wollte Wilhelms Sohn Adolf nicht hinnehmen. Er erkämpfte sich um 1399 Windeck zurück. Das Amtsgebiet war zweigeteilt: Die Burg Windeck konnte als repräsentativer Amtssitz für die südlichen Orte Windeck, Rosbach und Much genutzt werden, die Exklave Eckenhagen lag nördlich des Homburger Ländchens und benötigte einen eigenen Amtssitz. Die Wahl fiel auf einen Bauplatz im heutigen Denklingen, der allerdings so nah an der Grenze lag, dass Gerhard von Sayn 1404 eine Klärung der Besitzverhältnisse forderte. Es darf deshalb davon ausgegangen werden, dass die erste Burg in Denklingen zwischen 1399 und 1404 erbaut wurde. Sie wurde in späteren Bauphasen überbaut. Nach dem Tod seines Vaters Wilhelm wurde Adolf 1408 der Herzog von Berg. Er blieb streitlustig und war durch seine zahlreichen Fehden ständig in Geldnot. Deshalb verpfändete er ab 1413 die Burg Denklingen mehrfach.

Der Lehnsmann Johann von Kreuwel zu Gimborn und seine Nachfolger setzten Burgmannen zur Pflege des Anwesens ein. Sie machten ihre Sache wohl ziemlich gut, denn in einer Urkunde des Grafen von Berg ist 1433 von einem Schloss („unserem Slosse") in Denklingen die Rede. Die vermutlich ebenfalls in dieser Zeit gebaute Kapelle liegt direkt am Klus, dem Mühlenteich.

 Schön schlicht – das Burghaus in Denklingen

Geschnitzte Geschichtsstunde

Das Torhaus zur Burganlage

Das heutige Burghaus ist ein zweigeschossiger, verputzter Bruchsteinbau. Ein Teil der Bausubstanz wird in das 15. bis 16. Jahrhundert datiert, danach wurde das Gebäude mehrfach umgebaut. Während einer größeren Baumaßnahme wurde an der Nordfassade ein Stein mit der Inschrift „Anno Domini 1582" vermauert. Zu dieser Zeit war die Burg von Wassergräben umgeben, gespeist durch Asbach, Sterzenbach und Hermersdorf-Bach.

Bei weiteren Umbauarbeiten wurden Fensteröffnungen verändert und vergrößert. Das könnte im ausgehenden 17. Jahrhundert gewesen sein, denn 1672 machten die Franzosen die Feste Windeck dem Erdboden gleich, die Amtsverwaltung und das Hochgericht Windeck wurden in die Burg Denklingen verlegt. Aus diesem Grund wurde auch 1698 der zweigeschossige Torbau an der Ostseite erbaut, denn die seitlichen Steingewölbe dienten einst dem Hochgericht als Gefängnis.

Die ursprünglichen Maße der Burganlage lassen sich heute nur noch erahnen. Die Burggräben wurden zugeschüttet, die Wälle eingeebnet und die Burgmauer abgetragen. Der kleine Fachwerkpavillon steht auf dem Sockel einer solchen Mauer. Anfangs diente er als Badehaus, die Falltür führte direkt zum wassergefüllten Burggraben.

Die Kapelle Sankt Antonius

In den Jahren nach 1560 hatte die Reformation das Bergische erreicht. Das Kirchspiel Odenspiel, zu dem Denklingen gehörte, wurde evangelisch. Das Herzogtum Berg war katholisch, also blieb auch die Denklinger Kapelle katholisch. Der Pfarrer von Odenspiel durfte viermal im Jahr einen lutherischen Gottesdienst halten. Auch nach der Gegenreformation wurde die Kapelle von beiden Konfessionen genutzt, aber keiner fühlte sich für die Instandhaltung zuständig. Das änderte sich 1672 mit dem schriftlich vereinbarten Simultaneum, der gemeinsamen Nutzung und Verantwortung für die Kapelle. In den Jahren 1693/94 erhielt die Kapelle Sankt Antonius ihre heutige Form. Der weiß verputzte Bruchsteinbau mit Walmdach trägt einen achteckigen Zwiebelturm.

Vom preußischen Bürgermeisteramt zur idyllischen Ortsmitte

Ab 1811 zog der Bürgermeister des preußischen Verwaltungsbezirks Eckenhagen-Denklingen, Christian Mittelacher, in die Burg und konnte sie 1824 kaufen. Später wurde auf dem Grund Landwirtschaft betrieben. Das pfannengedeckte Mansarddach wurde 1950 bei einem Brand zerstört und danach mit Schiefer eingedeckt.

Die Gemeinde Reichshof übernahm die Burg nach längerem Leerstand im Jahr 1975, restaurierte sie 1987 und öffnete das bei der Ortsbildung zugemauerte Torhaus wieder. Die hübsch ins Bild passende Remise wurde 1992 erbaut. Im oberen Stockwerk richtete die Gemeinde 2008 ein Trauzimmer ein, die übrigen Räume werden für offizielle Veranstaltungen und private Feiern genutzt.

Informationen

An den Pfingstfeiertagen wird auf dem Burghof der Oberbergische Töpfermarkt veranstaltet, er ist weit über die Ortsgrenzen bekannt.

Im Burghof beginnt und endet der 6,5 km lange Prozessions-Wanderweg. Er führt von der Antoniuskapelle zu den Wegekreuzen, Heiligenhäuschen und Altären, die jedes Jahr zu Fronleichnam mit Blumen geschmückt und während der Fronleichnamsprozession besucht werden.

Kontakt

Burg Denklingen
Hauptstraße 5
51580 Reichshof-Denklingen

Düsseldorfer Rheinpanorama mit der Lambertuskirche und dem Schlossturm

Düsseldorfer Stadtschloss – Nur der Schlossturm überdauerte

Einst war Düsseldorf die Hauptstadt des Bergischen Landes, ein repräsentatives Schloss sucht man in der Innenstadt jedoch vergeblich. Einzig der frühere Nordturm ist noch zu sehen und gilt unter dem Namen Schlossturm als Wahrzeichen Düsseldorfs.

Die gräfliche Burg

Graf Adolf V. von Berg ging 1288 zusammen mit dem Herzog von Brabant und den Grafen von Jülich und Mark siegreich aus der Schlacht bei Worringen hervor und wies den Herrschaftsanspruch des Kölner Erzbischofs zurück, in der Folge erhielt Düsseldorf die Stadtrechte. Zum Teil wurde vermutet, dass es bereits um 1260 eine Burg der Grafen von Berg an der Mündung der Düssel in den Rhein gab, das konnte aber bei archäologischen Grabungen nicht bestätigt werden. Vermutlich entstand erst nach der Stadtwerdung eine erste Burg in spätgotischer Bauart. Der schlichte Bau bestand wahrscheinlich nur aus zwei rechteckigen Gebäuden. Erstmalig erwähnt wurde die Düsseldorfer Burg 1386, sie wurde 1394 in den Ring der Stadtmauer einbezogen.

Im Jahr 1492 nahm die Burg bei einem Brand schweren Schaden und wurde bis ins späte 15. Jahrhundert mehrfach wiederaufgebaut, erweitert und zum Schloss ausgebaut. In dieser Zeit entstand der viereckige Südostturm.

Ein Schloss für die vereinigten Herzogtümer

Bei den Vorbereitungen auf das Weihnachtsfest für die Herzogsfamilie kam es am 23. Dezember 1510 in der Küche zu einem weiteren Feuer, das schnell auf andere Gebäudeteile übersprang. Nach dem verheerenden Brand wurde die Burg nicht mehr in ihrer alten Form wiederhergestellt. Johann von Kleve-Mark war als Sechsjähriger mit der fünfjährigen Maria von Jülich verlobt worden, dieser Ehevertrag ging als Klever Union in die Geschichtsbücher ein. Nach dem

Tod seines Schwiegervaters Herzog Wilhelm von Jülich-Berg im Jahr 1511 und dem Tod seines Vaters Johann II. von Kleve-Mark im Jahr 1521 vereinigte er die beiden Herzogtümer. Seine Macht nutzte er nicht aus und suchte auch in der Reformationszeit eine ausgleichende Haltung. Dies brachte ihm den Beinamen Johann der Friedfertige ein.

Düsseldorf wurde also 1521 zur Hauptstadt der vereinigten Herzogtümer von Jülich-Kleve-Berg und Herzog Johann benötigte ein repräsentatives Schloss. Er beauftragte Bertram von Zündorf mit der Planung und der Durchführung des Wiederaufbaus der Burg und deren Umbau zum Schloss. Die Bauarbeiten gingen nur schleppend voran. Zwischenzeitlich hatte 1539 Johanns einziger Sohn Wilhelm seinen Vater beerbt und herrschte nun über das Herzogtum. Er holte den italienischen Baumeister Alessandro Pasqualini und dessen Söhne ins Rheinland, sie leiteten neben dem Bau der Jülicher Zitadelle auch den Umbau der Düsseldorfer Burg zum Residenzschloss. Ein vierflügeliges Renaissanceschloss entstand und beherrschte viele Jahre das Stadtbild Düsseldorfs. Der runde Nordturm wurde 1551 fertiggestellt, ihm setzte Pasqualini eine Renaissancekuppel auf, die von einer Laterne mit welscher Haube gekrönt wurde.

Nach dem Ende des Jülisch-Klevischen Erbfolgekriegs fielen die Herzogtümer Jülich und Berg an die Wittelsbacher. Johann Willhelm von der Pfalz, der in Düsseldorf stets Jan Wellem genannt wurde, gefiel es in Düsseldorf, er förderte die städtebauliche Entwicklung und ließ das Stadtschloss nach seinem Geschmack modernisieren. Für seine Hofhaltung ließ er den rechten Flügel zu einem großen Festsaal mit aufwändigen Wandteppichen ausbauen, durch die Saalfenster konnten die Gäste den Rhein sehen. Jan Wellem veranlasste den Bau eines Ballhauses und eines Theaters, für das Personal wurde eigens ein Pagenhaus gebaut. Auch Pferdestall, Reitschule, Backhaus und Brauhaus wurden neu gebaut. Mit seiner Gemahlin Anna Maria Louisa residierte er im Düsseldorfer Stadtschloss, Schloss Benrath nutzten sie als Sommersitz und Schloss Bensberg als Jagdschloss.

Der große Brand

Der Rundturm erhielt 1845 ein neues Obergeschoss, was sich später als ein Segen erweisen sollte, denn das Düsseldorfer Schloss fiel 1872 einem schweren Brand zum Opfer. Es wurde fast komplett zerstört und musste niedergelegt werden. Einzig der kurz zuvor renovierte Rundturm konnte gerettet werden. Seit 1909 trägt der Schlossturm ein flaches Pyramidendach und wird heute als Schifffahrtsmuseum für die Binnenschifffahrt genutzt.

Informationen

Der Turm kann jederzeit von außen besichtigt werden. Innen ist er während der Öffnungszeiten des Schifffahrtmuseums zugänglich. Im Dachgeschoss befindet sich ein Café mit einer guten Aussicht auf den Rhein.

Kontakt

Schlossturm
Burgplatz 30
40213 Düsseldorf
0211/8994195

Der Schlossturm ist das Wahrzeichen Düsseldorfs

Der tiefe Turmkeller im Schifffahrtsmuseum

Über und über mit Efeu bewachsen, wie ein verfallenes Märchenschloss

Burg Eibach – Die romantische Ruine

In einem Wiesental östlich von Lindlar-Scheel fließt der kleine Eibachsiefen durch seine Auen. Kühe schauen dem Ankömmling kurz hinterher und wenden sich wieder ihrer saftigen Weide zu. Auf dem breiten Burggraben ziehen Enten, Gänse und andere Wasservögel ihre Runden. Diese romantische Idylle umgibt die Ruine der Wasserburg Eibach und bezaubert jeden Besucher.

Der Hof von Eibach

In alten Zeiten führte die Verbindungsstraße nach Gimborn durch dieses Tal, vermutlich stand hier ein festes Haus zur Überwachung und Sicherung der Straße. Erstmalige Erwähnung findet es in einer Urkunde aus dem Jahr 1352, in der von einem bergischen Ritter „Engilbrecht, Rugers sun van Eybach“ und seinem „adelig Hus“ die Rede war. Engelbert und sein Vater Rudger von Eibach stammten wahrscheinlich aus der Familie von Neuhof, genannt von der Ley, und waren aus der Grafschaft Mark gekommen.

In einer weiteren Urkunde wurden 1470 ein Ägidius von Neuhof und sein ältester Sohn Friedrich in Eibach erwähnt. Friedrich starb kinderlos und wurde von seinem Neffen beerbt, der ebenfalls Friedrich hieß. Friedrichs ältester Sohn Volmar vererbte den Hof Eibach seinem Sohn Wilhelm. Bis dahin dürfte es sich eher um ein kleines Gebäude gehandelt haben.

Prächtiger Rittersitz

Wilhelm wurde 1531 zum Amtmann des bergischen Amtes Steinbach bestellt. Schon 1533 war er zum Brückenmeister des Herzogtums Berg aufgestiegen, war ab 1544 Verwahrer des linksrheinischen Amtes Wesseling und ab 1545 der Rentmeister seines Verwaltungsbezirks. Wilhelm baute die Burg großzügig aus und verlegte den Amtssitz von der schwer zugänglichen Burg Neuenberg in die Burg Eibach.

Das Burghaus war 18 Meter lang und 15 Meter breit, die Südfront lag zur Straße hin und war im Südosten mit einem 7 Meter dicken Rundturm und im Südwesten mit einem rechteckigen Turm von 6 mal 9,5 Meter geschützt, die mit einer Mauer verbunden waren. Die Burg war von einem breiten Wassergraben umgeben, auf dem sich bis heute Wasservögel sehr wohl fühlen.

Bis ins späte 16. Jahrhundert blieb die Burg im Besitz der Familie Neuhoff und ging danach auf eine Familie Seraing über. Vermutlich war sie es, die im 17. Jahrhundert östlich der Hauptburg eine Vorburg baute. Das Torhaus zwischen dem Burggraben und der Straße war als Teil der Wehranlage mit der Vorburg verbunden. Ob es wirklich aus dem Jahr 1450 stammt, wie eine daran befestigte Tafel verkündet, lässt sich historisch nicht belegen. Nordöstlich der Burg entstand ein Bauernhof mit vier rechteckigen Gebäuden, er lag wahrscheinlich ebenfalls auf dem Anwesen der Burg. Dieser Pachthof wird bis heute landwirtschaftlich genutzt.

Das Torhaus ist noch bewohnt

Eine Bleistiftzeichnung des wallonischen Künstlers Renier Roidkin aus den 1720er-Jahren zeigt im Vordergrund die Burg Eibach und im Hintergrund die Neuenburg auf dem Neuerberg. Danach hatte die Burg Eibach wohl ein mehrgeschossiges Hauptgebäude mit Krüppelwalmdach und mehreren aufgesetzten Türmen mit spitzen Helmdächern. Auf der Zeichnung ist östlich der Hauptburg eine dreiflügelige Vorburg zu erkennen, die zum Herrenhaus offen war. Im Bereich der Vorburg zeichnete Roidkin zwei Türme, beide hatten einen annähernd quadratischen Grundriss, der kleinere hatte ein schlichtes Zeltdach. Der höhere trug eine Welsche Haube, also einen Zwiebelturm, auf dem ein kleinerer Zwiebelturm aufgesetzt war. Es könnte sich um eine Burgkapelle gehandelt haben.

Der große Brand

In der Nacht zum 17. Dezember 1782 brannte die Burg vollständig aus. Nur der Rundturm und Teile des Südflügels blieben erhalten. Die Burg wurde nie mehr wieder aufgebaut. Der Graf von Wallmoden kaufte das Wohnhaus, im Jahr 1809 kam es zur Versteigerung des Inventars. Das Torhaus und der Gutshof wurden weiter instand gehalten und sind bis heute bewohnt. Die Ruine der Burg ist ebenfalls bewohnt, aber von Gänsen, Enten und anderen Wildvögeln. Das Eigentum an der Burg liegt beim Rheinisch-Bergischen Kreis, der in den 1980er-Jahren die Ruine und den Wassergraben sicherte und restaurierte. Sie ist deshalb immer noch von dem gut erhaltenen Wassergraben umgeben und kann nicht betreten werden, ist aber von der Straße gut einsehbar.

Informationen

Der 14 km lange Sagenweg Lindlar führt vom Busbahnhof Frielingsdorf zur Ruine Eibach und von dort weiter zum Schloss Gimborn und zur sagenumwobenen Burgruine Neuenberg.

Zwischen der Burg und dem Gutshof befindet sich ein einladender Rastplatz mit Blick auf die Burg.

Kontakt

Ruine Eibach
Eibachstraße 55
51789 Lindlar

Schloss Eicherhof – Wie gemacht zum Feiern

Die Wurzeln des Eicherhofs reichen bis ins Jahr 1158 zurück, es handelte sich dabei um eine kleine Hofanlage, über die kaum etwas bekannt ist. Es sollte bis ins 18. Jahrhundert dauern, dass an der Stelle des Eicherhofs ein Schloss gebaut wurde. Nach der Landwirtschaft kam zunächst die Industrie: Im Jahr 1715 baute der Kölner Bankier Wilhelm Hack dort zwei Kupferhämmer, mit denen er Rohlinge für die Münze Düsseldorf herstellte. Der heutige Straßenname „Am Hammer" erinnert noch daran.

Maison de plaisance

Wilhelm Hack kaufte den Eicherhof und einige Ländereien hinzu. Er wurde von seinem Neffen Jacob Wilhelm Behagel beerbt, der den Hof niederlegen ließ. Im Siebenjährigen Krieg wurde er zum „Edlen von Hack" geadelt und begann um 1762 mit dem Bau eines standesgemäßen Herrenhauses. Dabei fanden auch die Bruchsteine des alten Eicherhofs Verwendung. Es sollte ein Lustschloss werden, ganz im Stil der damals modernen „Maisons de plaisance" (französisches Rokoko). Auf das freistehende zweigeschossige Herrenhaus wurde ein Mansardwalmdach gebaut, in dessen Mitte sich ein Dachreiter befindet. Gemeinsam mit den beiden Remisebauten umschließt das Herrenhaus einen Vorplatz.

Behagels Erben verkauften das Schlösschen 1811 an den Elberfelder Kaufmann und Tuchfabrikanten Johann Friedrich Wülfing. Dieser war Mitglied des Départementsrats des Départements Rhein im napoleonischen Großherzugtum Berg. Damit hatte er eine gute Ausgangsposition, um im gesamten Bergischen Land umfangreichen Grundbesitz zu erwerben. Diese Nähe zu Napoleon Bonaparte ist seit 200 Jahren Anlass für das Gerücht, dass Napoleon während seiner Amtszeit bei Durchreisen im Schloss Eicherhof nächtigte und feierte. Belege dafür lassen sich aber nicht finden.

Gastfreundlichkeit wird großgeschrieben

Wülfings Tochter Emma bewohnte das Schloss ab 1860 und kümmerte sich liebevoll um das Anwesen. Sie begann sofort mit der Planung des Außengeländes und legte auf dem Vorplatz ein von schweren Ketten eingefasstes Rosenrondell an. Auch der Schlosspark entstand ab 1862 unter ihrer Federführung. In der Achse des Gartensaales befindet sich ein großer Garten, der benachbarte öffentliche Eicherhofpark gehörte früher auch zum Anwesen.

Emma (Schniewind geb. Wülfing) war sehr gastfreundlich und machte es zur Tradition, ihren Gästen ein Gästebuch vorzulegen. Eingetragen wurden Dankesworte an die Gastgeber und schöne Erinnerungen. Stets wurde auch etwas über das während des Besuchs herrschende Wetter berichtet. Daraus entstand eine umfassende Chronik mit detaillierten Wetteraufzeichnungen und anderen Details, die sonst in Vergessenheit geraten wären. In den Einträgen wird Pfingsten 1873 von strengem Frost berichtet und im August 1878 von einem leichten Erdbeben.

Emmas Tochter Helene heiratete den Geheimen Kommerzienrat Wilhelm Boeddinghaus und erbte nach dem Tod ihres Vaters das Schloss Eicherhof. Ihre Schwiegertochter Alice Boeddinghaus führte das Schloss ab 1885 in der alten Tradition der weltoffenen Gastfreundschaft weiter. Die Besucher berichteten weiter über ihre Erlebnisse und Wetterkapriolen, alle fühlten sich sehr wohl im Schloss Eicherhof. Der prominenteste Gast war Edward Prince of Wales, der spätere König Edward VIII. Als britischer Kronprinz unternahm er nach dem Ersten Weltkrieg zahlreiche größere Reisen, um seinen Vater zu vertreten und sich auf seine zukünftigen Aufgaben als König vorzubereiten. Eine der Reisen führte ihn 1919 ins Schloss Eicherhof, wo ihm zu Ehren ein Ball gegeben wurde.

Die Familie Boeddinghaus blieb bis Ende des 20. Jahrhunderts Eigentümerin. Zwischen dem Ersten und dem Zweiten Weltkrieg diente das Schloss als repräsentativer Sitz britischer, französischer und amerikanischer Offiziere. Später wurde es von den Nationalsozialisten beschlagnahmt und als Verwaltungsstelle genutzt. Die damals im Schloss wohnende Familie wurde in die oberste Etage verbannt. Die Kinder und deren Freunde kamen immer an den Garderobenhaken am Treppenaufgang vorbei, an denen die Uniformjacken hingen. Eine Zeitzeugin berichtete davon, dass die Kinder sich einen Spaß daraus machten, hin und wieder einzelne Hakenkreuzknöpfe abzutrennen und im Garten zu vergraben.

Informationen

Das Schloss kann nicht besichtigt werden, das Herrenhaus lässt sich vom Hoftor gut einsehen.

Im Eicherhofpark und an der Wupper lässt es sich schön spazierengehen.

Kontakt

Schloss Eicherhof
Eicherhof 13
42799 Leichlingen
Navi: Am Hammer
www.schloss-eicherhof.de

Bild links: Das freistehende Herrenhaus ist ein echter Blickfang

Die östliche Remise

Blick vom Spiegelsaal ins Trauzimmer

Mächtiger Kamin

Heute gehört das Anwesen einer Unternehmensberatung und ist Sitz mehrerer Unternehmen. Weiterhin ist es bei Gästen sehr beliebt, die inzwischen von Unternehmen und Familien zu Tagungen, Sommerfesten, Hochzeiten und anderen Festen ins Schloss eingeladen werden. Das Standesamt Leichlingen bietet regelmäßig Trautermine im Schloss Eicherhof und im Schlossgarten an, das Kulturamt organisiert die Reihe „Kultur im Schloss" mit Lesungen, Ausstellungen und Musik. Die oberen Etagen und die Seitenflügel werden privat genutzt, sie sind auch bei Veranstaltungen nicht öffentlich zugänglich.

Perfekte Symmetrie und Spiegelung

Schloss Eulenbroich – Das Rösrather Wahrzeichen

In der sumpfigen Auenlandschaft der Sülz stand vermutlich schon im 13. Jahrhundert ein Gebäude. Als Bauplatz nutzte man eine inselartige Erhöhung im Gelände.

Eine Burg für die Familie Staël von Holstein

Die erste urkundlich erwähnte Bewohnerin von Eulenbroich, die Familie Staël von Holstein kam etwa im 8. Jahrhundert aus dem Baltikum und baute befestigte Häuser an den rechten Nebenflüssen des Rheins. Die um das Jahr 700 gebaute Burg Sülz dürfte ihr erstes Domizil gewesen sein. Vermutlich im 9. Jahrhundert entstand eine kleine Wasserburg im Bröltal, die eine Weile als Burg Holstein Stammsitz der Familie war. Nach ihrem Verfall wurde darauf die Mühle für das Schloss Homburg gebaut. An die Burg im Tal erinnert nur noch der Name „Holsteins Mühle". Wann die Familie danach zurück an die Sülz kamen, lässt sich nicht mehr sagen. Erstmals in einem Schriftstück erwähnt wurde die Burg 1401, darin wird die Familie Staël von Holstein als Eigentümerin benannt. Die Burg war damals schon von Wassergräben umgeben, die aus der Sülz gespeist wurden, und wurde in Pfahlbauweise in den sumpfigen Untergrund gebaut. Keramische Funde aus dem Fundament der trapezförmigen Vorburg werden auf die Zeit um 1500 datiert. Das Burghaus wurde spätestens 1750 bis auf den Keller abgerissen und in den folgenden Jahrzehnten durch eine größere Burganlage mit einem zweigeschossigen Herrenhaus, Wirtschaftsgebäuden, Stallungen und Dienstbotenwohnungen ersetzt. Der Bauherr gab auch den erst kurz zuvor zwischen der Hauptburg und der neuen Vorburg angelegten Wassergraben wieder auf und ließ ihn mit Erde auffüllen.

Ausbau zum Schloss

Die Familie Staël von Holstein verkaufte die Burg 1762 an Johann Werner Freiherr von Francken. Ihm gehörte auch das einen Kilometer nördlich gelegene Haus Venauen. Die Familie von Francken gestaltete die wehrhafte mitelalterliche Burg in ein sehenswertes Barockschloss um. Von der damaligen Vorburg ist noch das heutige Torhaus erhalten. Es ist mit seiner Mittelachse exakt auf die Mittelachse des Schlosses ausgerichtet, sodass sich beim Blick durch das geöffnete Tor ein harmonisches symmetrisches Bild ergibt. Der Schlussstein im Torbogen zeigt das Wappen der Freiherren von Francken.

Wie es kam, dass nicht das Schloss, sondern sein Torhaus zum Wahrzeichen der Stadt Rösrath wurde, lässt sich heute nicht mehr sagen. Vermutlich weil es einen besonders wichtigen Umbau repräsentiert, vielleicht lässt es sich auch einfach nur leichter zeichnen. In jedem Fall ziert es die Homepage des Rösrather Geschichtsvereins, Werbeplakate und ist sogar als Logo im Briefkopf der Stadtverwaltung zu finden.

Leider nahm der Freiherr von Francken kein glückliches Ende. Er verliebte sich in seine Magd und verlor alle politischen Ämter. Nach seinem Tod wurde der Besitz unter seinen Kindern aufgeteilt, reichte aber für keines von ihnen. Es wird gesagt, dass seine Nachkommen völlig verarmten und die Not so groß war, dass sie in einem kalten Winter die Möbel, Fußbodendielen und Fensterbänke verheizten.

Wechselvolle Nutzung

Nach 1850 wurde der Kölner Fabrikant Robert Rohr zum Rösrather Bürgermeister ernannt und nahm sich des heruntergekommenen Schlosses an. Er sanierte es und richtete darin seinen Amtssitz ein. Zwischen 1882 und 1894 entstand der Landschaftspark, einige der damals gepflanzten exotischen Bäume sind heute noch vorhanden. Nach 1894 ließ der neue Besitzer Johannes Heuser das Hauptgebäude umbauen, riss Teile der Vorburg nieder und legte eine halbkreisförmige Terrasse an. Der Fabrikant Emil Biedermann bezog das Gebäude 1908 und baute neben dem Schloss eine Lederfabrik. Etwa in dieser Zeit entstand auch der Wintergarten an der rückwärtigen Fassade.

…sraths Wahrzeichen – das Eulenbroicher Torhaus

Gepflegtes Fachwerk am Torhaus

Nach dem Zweiten Weltkrieg wurde Eulenbroich als Internat für die belgische Schule im Haus Venauen genutzt, danach war es ein privates Seniorenheim. Die Stadt Rösrath kaufte den Gebäudekomplex 1981 und sanierte ihn bis 1984, seitdem wird er vorwiegend kulturell genutzt. Hochzeitsgesellschaften können im Bürgermeisterzimmer original Delfter Kacheln bewundern. Im Rahmen der Regionale 2010 entstand neben dem Schloss ein moderner Neubau, in dem Veranstaltungsräume, ein Café und eine Bildungswerkstatt untergebracht sind.

Informationen

In der Schlossgastronomie am Schloss finden Sie eine große Kuchen- und Tortenauswahl. An schönen Tagen kann man diese Köstlichkeiten auf der großen Schlossterrasse genießen.

Seit 2009 verwaltet die gemeinnützige Schloss Eulenbroich gGmbH die Kulturstätte Schloss Eulenbroich. Sie nutzt die Räume für Kultur und kulturelle Bildung und stellt diese ergänzend für Tagungen, Seminare, Firmenevents und private Veranstaltungen zur Verfügung. Der Geschichtsverein Rösrath hat in der Torburg des Schlosses seinen Sitz.

Das Schloss bietet ein vielfältiges Kulturprogramm. Besonders sehenswert sind die vier großen Kunsthandwerkermärkte im Frühling, Sommer und Herbst sowie der Weihnachtsmarkt.

Kontakt

Schloss Eulenbroich
Zum Eulenbroicher Auel 19
51503 Rösrath
www.schloss-eulenbroich.de

Schloss Georghausen – Barockschloss im Sülztal

Schlicht und elegant zugleich – das Herrenhaus von Schloss Georghausen

Abgeschieden im unzugänglichen, sumpfigen Tal der Sülz lag einst ein kleines Hofgut mit einer Mühle. Im Jahr 1449 verkaufte die Witwe Gertrud von Meinwege gemeinsam mit ihrem Sohn Johann und ihrer Schwiegertochter Beatrix von Stammheim ihre Güter in Georghausen und Berghausen nebst der Fischereirechte in der Sülz. Diese Urkunde ist für die Geschichtsforscher sehr interessant, denn darin wiesen die Verkäufer darauf hin, den Besitz von ihren Vorfahren erhalten zu haben. Unter anderen wird ein Wilhelm Quad genannt, der zwischen 1326 und 1394 lebte, wie mit anderen Schriftstücken belegt werden konnte.

Das Lüninck'sche Feste Haus

Die Käufer waren Dietrich Lüninck und seine Frau Adelheid von Bellinghausen. Er war Kanzleischreiber im Herzogtum Jülich-Berg und brachte es zu Ansehen und Wohlstand. Seinen ausgedehnten Landbesitz verwaltete er von Georghausen, das damals Gorchhusen genannt wurde. Im Jahr 1466 erhielt die Familie Lüninck von ihren Nachbarn Gerhard und Roland von Cobbenrode, die das benachbarte Haus Grund bewohnten, die Genehmigung, ihre Mühle an einer anderen Stelle flussabwärts an der Sülz neu aufzubauen. Die entsprechende Urkunde bestätigte auch noch einmal Wilhelm Quad als einen Vorbesitzer im 14. Jahrhundert.

Dietrich Lüninck machte den Gutshof zu einem Festen Haus, also zu einem wehrhaft ausgebauten Wohngebäude mit starken Mauern. Den Handwerkerrechnungen zufolge wurde 1491 eine Zugbrücke fertiggestellt und das Dach mit Schiefer eingedeckt. Das Gebäude war von Wassergräben umgeben. Auf dem Anwesen befand sich zu dieser Zeit auch eine Kapelle. Der Gutsbesitzer verbrachte seinen Lebensabend in Köln, auch sein Sohn Wilhelm zog in die Stadt. Verwaltet wurden die Lüninck'schen Güter vom Rentmeister Adam von Lindlar, der auch das Burghaus bewohnte. Als Wilhelm 1530 kinderlos starb, begann ein langer Erbstreit zwischen seiner Witwe, seiner Schwester und den Kindern seiner Brüder. Erst 1541 konnten sich die Hinterbliebenen darauf einigen, dass seine Schwester Elisabeth und sein Neffe Joist (oder Jost) je zur Hälfte erbten. Elisabeth konnte 1553 die zweite Hälfte gegen ihr Haus Honrath tauschen. Sie war mit Wilhelm von Neuhoff-Ley verheiratet, ihnen gehörte zu dieser Zeit auch die Wasserburg Eibach.

Das Barockschloss

Durch Erbfolge und Heirat kam Georghausen in den Besitz von Wolfgang Wilhelm von Wittmann. Er war es wohl, der ab 1707 das alte Burghaus durch ein kleines Barockschloss ersetzen ließ. Über den Mühlgraben führt eine Steinbrücke zur eingeschossigen Vorburg, ihre drei Flügel bilden zusammen mit

Die Vorburg im Frühherbst

Die Hofseite mit dem geschweiften Giebel

dem Herrenhaus eine harmonische Anlage. Das Hauptgebäude selbst ist ein schlicht gehaltenes rechteckiges Herrenhaus mit zwei Etagen, die auf einem hohen Sockelgeschoss errichtet wurden. Wie im Barock üblich, wurde es streng symmetrisch angelegt. Der Bau mit seinen neun Achsen gewinnt durch den im 20. Jahrhundert ergänzten geschweiften Giebel auf der Hofseite und die vielen Gauben eine Leichtigkeit, die manch anderem Barockschloss fehlt.

Der Umbau brachte die Familie an ihre finanziellen Grenzen, schon 1721 konnte von Wittmanns Sohn Philipp Gerwin eine von den Gläubigern veranlasste Zwangsversteigerung nur abwenden, indem er das Schloss an den Schultheiß von Steinbach Jakob Ditzrich Litz verkaufte. In der Folgezeit wechselten die Eigentumsverhältnisse in kurzer Folge. Auch die Zisterzienserabtei Düsselthal war darunter, die Mönche legten die heute noch erhaltenen Forellenteiche an. Reichsfreiherr Friedrich Leopold von Fürstenberg kaufte das Schloss 1820, seine Urenkelin Maria Apollonia Adelheid brachte es mit in die Ehe, als sie 1904 den stellvertretenden Landrat Freiherr Emanuel von Landsberg-Velen heiratete. Seitdem ist es im Landsberg'schen Familienbesitz. Emanuel wurde in den 1920er-Jahren stellvertredender Landrat von Wipperfürth.

Vom Schlosspark zum Golfplatz

Im Zweiten Weltkrieg und in den Nachkriegsjahren waren viele Evakuierte im Schloss untergebracht. Im Jahr 1951 wandelten Wolfgang Freiherr von Landsberg und seine Frau Marianne das Schloss in ein Hotel-Restaurant um. Der Golfclub Schloss Georghausen wurde 1962 gegründet, ursprünglich mit einer 9-Loch-Anlage. Aus dem Schlosspark wurde 1976 ein 18-Loch-Golfplatz, der aus Sicherheitsgründen nur von Golfern betreten werden darf. Seit 1996 befinden sich im Herrenhaus das Clubhaus und ein Restaurant. Der Golfclub und die Eigentümerfamilie sorgen mit großem Einsatz für die Instandhaltung des Schlosses.

Informationen

Im Restaurant im Herrenhaus sind Gäste herzlich willkommen.

Der Sülztal-Rad-Wanderweg führt direkt am Schloss vorbei.

Kontakt

Schloss Georghausen
Georghausen 8
51789 Lindlar
www.golfclub-schloss-georghausen.de

Schloss Gimborn – Traumschloss im Schwarzenbergischen

In einem Seitental an der oberen Leppe scheint die Zeit stillzustehen. Während rundherum moderne Hektik vorherscht, ist dieses idyllische Fleckchen eine Oase der Stille. So beschaulich ging es in der Vergangenheit nicht immer zu.

Die Burg auf der Quelle

Alles begann mit einer Quelle, die bis heute unter dem Schloss sprudelt. Sie versprach auch in unruhigen Zeiten eine zuverlässige Trinkwasserversorgung. Um das Jahr 1180 wurde Ginburne als Lehen der Kölner Abtei St. Gereon erstmalig urkundlich erwähnt. Eine frühe Burg muss schon 1273 bergisch gewesen sein, denn Graf Adolf V. von Berg verpfändete sie in diesem Jahr als Mitgift für seine Schwester Irmgard bei ihrer Hochzeit mit Graf Eberhard von Mark.

Um das Jahr 1350 wurden die Herren von Gymborn urkundlich erwähnt. Ihre kleine Festungsanlage war von Burggräben umschlossen, die aus dem Gimbach gespeist wurden. Der Hauptturm wurde genau über der Quelle errichtet, sie hat eine ungewöhnlich starke Schüttung von 3000 Kubikmetern Wasser pro Tag. Das Wasser floss in den Schlossteich, dieser speiste den Mühlbach der Kornmühle und hatte einen zweiten Abfluss in den Gimbach. Ein Johann von Ginburne machte sich zu Beginn des 15. Jahrhunderts einen Namen: Er wurde 1402 als bergischer Lehnsmann benannt, war 1404 Amtmann von Steinbach und wurde 1413 Schultheiß von Siegburg.

Im Schwarzenbergischen Ländchen

Der letzte Herr von Gimborn war Johann Wilhelm von Harff zu Alsdorff und Gimborn, er hatte keine Söhne und gab deshalb seiner Tochter das Haus Gimborn als Aussteuer, als sie 1550 den Freiherrn Wilhelm II. von Schwarzenberg heiratete. Als die Reformation die Region erreichte, blieb die Gimborner Schlosskirche weiterhin katholisch. Wilhelms Sohn Adolf wurde für seine Verdienste in den Türkenkriegen 1599 in den Grafenstand erhoben und führte seitdem in seinem Wappen einen Raben, der auf dem abgeschlagenen Kopf eines besiegten Türken sitzt. Er starb 1600 in Ungarn, seine Witwe Elisa übernahm die Vormundschaft für den gemeinsamen Sohn Adam und begann 1602 mit dem Bau eines neuen Schlosses, das an den großen Burgturm aus dem Mittelalter anschloss. Adam wuchs heran und führte das Werk seiner Mutter fort.

Harmonisches Ensemble im Tal – Sankt Johann Baptist und Schloss Gimborn

Im Jahr 1612 entstand ein mehrgeschossiges Torhaus mit fünf Fuß dicken Mauern. In den 1613 gebauten Wehrturm ließ er nicht nur die üblichen Schießscharten einbauen, sondern auch zwei heimliche Gemächer, also in dieser Zeit ganz fortschrittliche Aborte. Die vorhandenen Stallungen ergänzte er 1614 um ein Wirtschaftsgebäude im rechten Winkel zum Marstall. Adam von Schwarzenberg konnte schon kurz nach seiner Volljährigkeit sein Territorium vergrößern und machte Gimborn 1630 zum Mittelpunkt der Grafschaft Gimborn-Neustadt. Nachdem Kaiser Ferdinand II. die Grafschaft als freie Reichsherrschaft anerkannt hatte, wurde sie Schwarzenbergisches Land oder Ländchen genannt.

Graf Sigewin und die tanzenden Elfen

Im Schwarzenbergischen Ländchen ging die Sage, dass oberhalb des Schlosses des Nachts die Elfinnen und Elfen beim Mondenscheine auf den Wiesen ihren Ringelreigen tanzten. Ein Sterblicher durfte sie nicht beobachten oder belauschen. Doch Graf Sigewin mochte der Neugierde nicht widerstehen und schlich in einer solchen Nacht aus dem Schloss. Im Schutz eines Gehölzes suchte er sich ein Versteck und band sich zur Sicherheit das eine Auge mit einem Tüchlein zu. Er lauschte verzückt dem Tanz der graziösen Wesen, doch als der Reigen geschlossen hatte und er zurück zum Schloss gehen wollte,

Gartenseite

Der Südwestturm

konnte er nichts mehr sehen. Er musste das Tüchlein vom verbundenen Auge nehmen und war seit jener Nacht bis zu seinem Tode einäugig.

Das Bildungszentrum

Schloss Gimborn und die Burgen Eibach und Neuenberg blieben im Schwarzenbergischen Besitz, bis Fürst Johann I. von Schwarzenberg es 1782 dem hannoverschen Feldmarschall Freiherr Johann Ludwig von Wallmoden verkaufte. Auf ihn geht das Fachwerkgebäude zurück, in dem sich heute das Schlosshotel befindet. Die Herrschaft Gimborn fiel 1806 an das Großherzogtum Berg. Der Sauerländer Freiherr Franz-Egon von Fürstenberg kaufte das Schloss 1874, es ist bis heute in Familienbesitz.

Seit 1969 ist im Schloss das Informations- und Bildungszentrum der International Police Association untergebracht, eine internationale Vereinigung von Polizeibeamten. Daneben werden auch Tagungen, Seminare, Trauungen und andere Veranstaltungen von Unternehmen und Privatleuten ermöglicht.

Informationen

Jedes Jahr zum Schützenfest der Gimborner St. Sebastianus-Schützenbruderschaft im Juni ist das Schloss für die Öffentlichkeit zugänglich.

Das Schloss kann ansonsten wegen des Seminarbetriebs nicht besichtigt werden, ist aber von außen von allen Seiten gut einsehbar.

Die Kirche St. Johannes Baptist aus Grauwacke mit dem hübschen Schieferdach wurde 1867 erbaut, ein Teil der Ausstattung stammt noch aus der Schlosskapelle.

Kontakt

Schloss Gimborn
Schlossstraße 10
51709 Marienheide
www.ibz-gimborn.de

Haus Graven – Kultureller Treffpunkt der Langenfelder

Vermutlich beginnt die Geschichte der Wasserburg Haus Graven im 13. Jahrhundert. Etwa zu dieser Zeit wurde die Motte Schwanenmühle unbewohnbar und die Bewohner fanden etwa 800 Meter südlich der Motte den geeigneten Bauplatz für eine Wasserburg.

Die Familie von Graven und ihre spätmittelalterliche Burg

Im Jahr 1326 wurde ein Knappe Adolf vamme Graven urkundlich erwähnt, dieser kann aber der Burg Graven nicht eindeutig zugeordnet werden, deshalb gilt das Jahr 1334 als Ersterwähnung der Familie vamme Graven. Die Burg selbst wurde erstmals 1341 erwähnt, als Adolf von Graven vom Kölner Erzbischof Walram von Jülich mit der Wasserburg belehnt wurde. Der Name Graven leitete sich aus dem rheinischen Wort Graven für einen Graben ab. Die damalige Burganlage umfasste eine Vorburg und ein Herrenhaus mit vier Trakten, die einen quadratischen Innenhof umstanden. Es stand auf einer Insel nördlich der Vorburg und soll sechs Türme getragen haben.

Aus dieser Zeit stammt wohl auch die Sage von einem Geisterspuk, der unter den Bewohnern der Burg Angst und Schrecken verbreitete. Der Spuk endete zeitgleich mit der Anschaffung eines Ziegenbocks, und man überlegte, ob es einen Zusammenhang geben könne. Um kein Risiko einzugehen, hielt man von nun an auf der Wasserburg lange Jahre immer mindestens einen Ziegenbock.

Tragische Zeiten für die Familie Velbrück

Ende des 16. Jahrunderts verkaufte Johann von Overheid das Haus zu Graven an Rütger von Bottlenberg-Kessel. Im Jahr 1618 heiratete dessen Tochter Agnes von Bottlenberg-Kessel den Freiherrn Gerhard von Aldenbrüggen, genannt Velbrück. In diesem Jahr begann der Dreißigjährige Krieg – mit verheerenden Folgen für die junge Familie Velbrück. Begünstig durch die Kriegsfolgen breitete sich ab 1625 die Pest in ganz Deutschland aus und führte 1634 im Rheinland zu einer verheerenden Epidemie. Bei einem Aufenthalt in Wermelskirchen starb Gerhard 1634 an der Pest. Im selben Jahr raffte der Schwarze Tod auch seine Witwe Agnes und acht ihrer Kinder dahin. Nur die Tochter Agnes und der Sohn Conrad Gumprecht überlebten.

Freiherr Conrad Gumprecht heiratete 1635 die Freifrau Maria Agnes von Reven. Doch bei Kriegsende lag die Burg in Trümmern. Conrad Gumprecht von Velbrück baute die Vorburg ab 1656 wieder auf, verzichtete aber auf das Herrenhaus. Über dem Torbogen erinnert das Vereinigungswappen derer von

Idyllischer Innenhof von Haus Graven

Westturm

Südturm

Velbrück und von Reven an das Ehepaar. Die U-förmige Vorburg errichtete er aus Bruchstein und versah den Hauptflügel mit quadratischen Flankentürmen. Die Gebäude haben Walmdächer, die auf den Türmen wie Pyramiden wirken.

Gumprechts Name wird in der Langenfelder Stadtgeschichte bis heute in Ehren gehalten, denn er führte den Ort Ende 1666 aus dem Amt Monheim in die Unabhängigkeit und hatte in seiner Funktion als Obristhofmeister die Aufsicht über die Bauarbeiten am Benrather Schloss. Sein Enkel Maximilian Heinrich wurde 1711 in den Reichsgrafenstand erhoben. Sein Sohn Adam war der letzte derer von Velbrück. Der Vater von vier Töchtern starb 1776 ohne männlichen Erben. Die Burg war zu diesem Zeitpunkt bereits auf seine Tochter Augusta Maria Elisabeth und seinen Schwiegersohn Johann Wilhelm Josef von Mirbach-Harff übergegangen.

Kultur- und Klimaschutzzentrum

Ab 1832 wurde die Wasserburg Haus Graven in der Liste der landtagsfähigen Güter aufgeführt, der jeweilige Burgherr hatte damit das Recht, in eigener Person auf dem Landtag zu erscheinen, abzustimmen und seine Rechte zu vertreten. Die Familie von Mirbach-Harff behielt Haus Graven bis 1974, danach wechselten mehrfach die Eigentümer und die Burg wurde zu Wohnzwecken ausgebaut.

Seit 2020 befindet sich die Wasserburg im Eigentum der Stadt Langenfeld, gleichzeitig wurde die Stiftung Wasserburg Haus Graven gGmbH gegründet. Sie soll sicherstellen, dass die historische Burg in einem guten Pflegezustand bleibt, dauerhaft der Öffentlichkeit zugänglich ist und durch vielfältige Angebote belebt wird. In der Burganlage sind seither ein Café, eine Ausstellung zur Geschichte der Wasserburg und das Umweltbildungs- und Klimaschutzzentrum der Stadt Langenfeld beheimatet. Sie wird für kulturelle Veranstaltungen und als außerschulischer Lernort genutzt.

Großer Saal

Informationen

Die Ausstellung zur Geschichte der Wasserburg ist von Ende März bis Mitte Dezember sonn- und feiertags von 14 bis 17 Uhr geöffnet.

Wechselnde Kunstausstellungen und Konzerte werden durch den Förderverein Wasserburg Haus Graven e. V. kuratiert, Zeiten und Themen sind auf www.haus-graven.de aufgeführt.

Die aktuellen Zeiten des Burgcafés sind auf der Webseite www.burgcafe-langenfeld.de zu finden.

Kontakt

Wasserburg Haus Graven
Haus Graven 1
40764 Langenfeld
www.haus-graven.de

Schloss Hardenberg – Wehrhaft und komfortabel zugleich

Die Herren von Hardenberg zählen zu den ältesten Adelsgeschlechtern der Region, bei ihrer ersten Erwähnung im Jahr 1145 führten sie bereits den Grafentitel und hatten ihren ersten historisch verbrieften Sitz auf einer Höhenburg im heutigen Velbert. Hermann von Hardenberg war Graf im ripuarischen Amtsbezirk Duisburg-Kaiserswerth und nahm mit König Konrad III. ab 1147 am Zweiten Kreuzzug teil.

Burg Hardenberg

Die Alte Burg, wie Burg Hardenberg von den Einheimischen genannt wird, wurde im 11. oder 12. Jahrhundert gebaut. Auf dem nahezu quadratischen Burgareal befand sich ein 25 Meter hoher Bergfried mit einer Grundfläche von 10 mal 10 Metern. Die Anlage der übrigen Gebäude war in eine Hauptburg und zwei Vorburgen unterteilt. Sie brannte im 13. Jahrhundert aus, wurde aber bis ins 15. Jahrhundert weiter genutzt, wie Funde bei den Ausgrabungen im Jahr 1888 ergaben. Die Legende vom Geheimgang zwischen der Burg und dem Schloss ließ sich archäologisch nicht bestätigen. Die Herrschaft Hardenberg fiel 1354 an die Grafen von Berg und wurde mehrfach verpfändet.

Die Wasserburg im Tal

Ab 1491 war Bertram von Gevertshagen Amtmann in Hardenberg und ersetzte die baufällig gewordene Höhenburg durch eine Wasserburg, die er 600 Meter nordöstlich im Tal des Hardenberger Bachs erbauen ließ. Kernstück der neuen Burg war ein dreigeschossiges, in gotischem Stil gebautes Burghaus mit steilem Satteldach. Es bot den Bewohnern viel Komfort, sogar einige Kamine und eine Abortanlage waren vorhanden. In den folgenen Jahren baute er die Kernburg zu einer Zweiflügelanlage aus und ließ den Burghof mit zwei Meter dicken Außenmauern umfassen. Die Hauptburg war mit einem Wassergraben umgeben, über den eine kleine Brücke direkt zum Eingang führte. Um diesen inneren Schutzring wurde ein äußerer Befestigungsring angelegt. Hier verlief eine Ringmauer, die zum Teil mit Kasematten ausgestattet wurde. Vier mächtige Rundtürme mit Kegeltürmen und Schießscharten erlaubten die Verteidigung mit Feuerwaffen.

Nach seinem Tod ging Schloss Hardenberg 1525 durch Erbschaft an die Familie von Bernsau. Sie ließen einen Teil der Mauern in der Vorburg wieder abtragen, um einen dritten Flügel anzubauen. In der Vorburg befanden sich damals vermutlich neben Stallungen ein Backhaus, ein Brauhaus und weitere Wirtschaftsbereiche. Die Vorburg wurde von zwei Türmen gesichert, die allerdings später wieder abgerissen wurden. Der Wirtschaftshof in seiner heutigen Form stammt aus dem späten 17. Jahrhundert, denn zwei Gebäudeanker tragen die Jahreszahlen 1680 und 1693.

Sommerfrische und Kulturzentrum

Bei einem Brand Ende des 18. Jahrhunderts nahm die Hauptburg großen Schaden. Der Hauptflügel wurde wieder aufgebaut, aber der Ostflügel war nicht mehr zu retten. Unter Napoleon gehörte Hardenberg zum Großherzogtum Berg und wurde von den Freiherren von Wendt bewohnt. Sie zogen ins Münsterland und vermieteten das Schloss ab 1811 als Sommerfrische an Gäste. In den folgenden Jahrzehnten wurden von wechselnden Eigentümern einige Teile der Umwehrung niedergelegt und die Rundtürme saniert. Ab 1908 war das

Das Herrenhaus mit seinen Wehrtürmen

Die östliche Vorburg

Der nördliche Wehrturm

Hauptgebäude an einen Gastwirt verpachtet, der dort bis kurz vor Ende des Zweiten Weltkriegs ein Gasthaus mit Biergarten und Bootsverleih eröffnete. Die Vorburg wurde ab 1932 als Bauernhof genutzt. Im Jahr 1939 kaufte die damals noch selbstständige Stadt Neviges das Schloss, nutzte es nach dem Krieg als Wohnheim für vertriebene Jugendliche und ab 1957 als Lehrlingswohnheim. Nach Renovierungen in den Jahren 1965 bis 1975 wurde es zum Museum und Kulturzentrum. Im Rittersaal fanden Stadtratsitzungen, Theateraufführungen und Konzerte statt, in anderen Räumen war das Stadtarchiv untergebracht.

Informationen

Der Burgberg der Burg Hardenberg ist nur einen kurzen Aufstieg einfernt, auf dem Rückweg laden eine Minigolfanlage und ein Kiosk zum weiteren Verweilen auf dem Schlossgelände ein.

Die Marktgilde zu Hardenberg veranstaltet jährlich einen Sommermarkt (Fronleichnam Donnerstag bis Sonntag) und einen mittelalterlichen Weihnachtsmarkt am ersten Adventswochenende. Die Velberter Kulturlöwen organisieren im September die Hardenberger Gartentage und im November den Laternenzauber, beides sind beliebte Kunsthandwerkermärkte.

Von der Vorburg führt ein kleiner Wanderweg hinüber zum 700 Meter entfernten Mariendom Neviges, einer 1968 nach Plänen des Kölner Architekten Gottfired Böhm gebauten Wallfahrtskirche in Form eines Kristalls.

Kontakt

Schloss Hardenberg
Zum Hardenberger Schloss 1
42553 Velbert

Die westliche Vorburg

Nach einem Brand der Wirtschaftsgebäude im Jahr 1973 begannen in den 1980er-Jahren umfangreiche Sanierungsarbeiten, die nun dem Ende entgegengehen. Die vier Wehrtürme werden von örtlichen Vereinen genutzt. Die Vorburg und ihr Innenhof werden für Veranstaltungen, Aufführungen, Feste und private Feiern genutzt. Auch die Kasematten wurden inzwischen freigelegt und sind wieder begehbar. Leider weist das Burghaus inzwischen so gravierende Baumängel auf, dass es 2003 geschlossen werden musste. Für die kommenden Jahre sind umfangreiche Sanierungsmaßnahmen geplant, denn das Herrenhaus soll wieder für die Öffentlichkeit zugänglich gemacht werden. Außerdem ist ein Naturerlebniszentrum geplant und das Mühlengebäude soll zu einer Gaststätte umgebaut werden.

Wehrhaftes Haus zum Haus – der Südwestturm mit Wassergraben

Haus zum Haus – Die Wasserburg im Angertal

In der Talsenke der Anger kreuzten sich vor langer Zeit die Altstraßen. Eine Furt ermöglichte den Übergang auf die andere Seite des Angerbachs. Hier traf der vom Rhein nach Wuppertal führende Hilinciweg auf den Mauspfad, der die heutigen Städte Köln und Essen verband. Wenn man sich vergegenwärtigt, dass in früheren Zeiten das Wort Moos verwendet wurde, wenn von einem Sumpf oder einem Moor die Rede war, erklärt sich der Name Mauspfad sehr gut: Das war ein Pfad durch das Sumpfgebiet.

Wann genau die ersten Menschen sich hier in der Angerniederung ansiedelten, ist nicht bekannt. Vermutlich gab es bereits im 8. Jahrhundert eine Frankensiedlung, vielleicht auch schon eine kleine Wallburg. Für das 9. Jahrhundert ist eine Palisadenburg aus Holz an dieser Stelle nachgewiesen.

Das Feste Haus

Auf ihrer Motte entstand im 13. Jahrhundert das erste Feste Haus, wie zu dieser Zeit kleinere Burgen genannt wurden. Als Graf Adolf V. von Berg im Jahr 1276 Ratingen die Stadtrechte gewährte und befestigen ließ, existierte schon eine Wasserburg an der Anger. Sie bildete mit Burg Gräfgenstein, Haus Anger und Burg Angermund die Angerlinie, eine wichtige Verteidigungslinie gegen Kurköln. Die rechtwinklige Anlage war von einem Wassergraben umgeben und mit einer Burgmauer, drei Rundtürmen und einem rechteckigen Torturm befestigt. Der Südostturm hat drei Meter dicke Mauern und wurde wahrscheinlich ausschließlich zur Verteidigung und als Burgfried genutzt.

Die Burgherren wurden in dieser Zeit mit dem Zusatz „de Dome“ oder „van me Huys“ urkundlich erwähnt, sie selbst nannten ihr Geschlecht „zum Haus“, das erklärt den ungewöhnlichen Namen Haus zum Haus.

Schon früh wurde Ratingen ein beliebter Marktort und wurde im 14. Jahrhundert Mitglied der Hanse. Von den florierenden Geschäften profitierten auch die Burgherren. Johann zum Haus war dazu in der Lage, sich eine eigene Rheininsel zu kaufen und seinem Herzog Gerhard II. von Jülich und Berg ein Darlehen über 10.000 Gulden zu gewähren. Er wurde 1447 Marschall des Herzogtums Jülich-Berg und baute die Burg wehrhaft aus.

Die Sage von den Heinzelmännchen

Nach dem Tod des letzten Ritters zum Haus fiel die Burg 1557 an die Familie von der Horst. Die veränderten Bedürfnisse der Adligen führten zu einem Bauboom. Allerorts wurden die kleinen Trutzburgen zu größeren Bauwerken mit mehr Komfort und Luxus umgestaltet. Im Burghaus wurden Kreuzstockfenster eingebaut und der Hauptturm wurde zu Wohnzwecken umgebaut. Ein Eisenanker verweist konkret auf das Jahr 1596. In der Vorburg entstanden eine Rentmeisterei, ein Backhaus, Scheunen und die Stallungen für Pferde Kühe und Schafe. Das Portal der Vorburg mit seinem imposanten Rundbogen blieb bis Anfang des 19. Jahrhunderts der einzige Zugang zur Burganlage. Eigentlich war ein schlossartiger Ausbau geplant, doch wahrscheinlich reichten dafür die finanziellen Mittel nicht aus.

Vielleicht lag es aber auch gar nicht am Geld, sondern an einem geldgierigen Vogt. Denn es wird die Sage erzählt, dass in dem mächtigen Südwestturm die Heinzelmännchen gewohnt haben sollen. Nachts, wenn alles schlief, sollen sie alle Arbeiten im Haus und am Bau erledigt haben – ganz so, wie man es von den Heinzelmännchen von Köln kennt. Der Burgvogt hatte von dem Goldschatz der Heinzelmännchen gehört und wollte ihn unbedingt haben. Eines Nachts fing er einige der Heinzelmännchen und warf sie in einen Dreibeinkessel mit kochendem Wasser, um von ihnen das Versteck ihres Schatzes zu erfahren. Sie ertrugen die Tortur, verrieten nichts und suchten alsbald das Weite. Der Traum vom Schloss war ausgeträumt.

Fachkundige Restaurierung

Ratingen war eine der vier Hauptstädte des Bergischen Landes und die Bewohner der Wasserburg Haus zum Haus genossen bis ins 19. Jahrhundert das Stroetrecht. Das war das Recht, im Wald zwischen Düsseldorf und Duisburg Wildpferde zu halten. Dies stand eigentlich nur dem Herzog von Berg zu, er gestattete es aber auch einigen handverlesenen Adelssitzen.

Informationen

Die Vorburg ist frei zugänglich, der Hof der Hauptburg kann tagsüber betreten werden.

Kontakt

Wasserburg Haus zum Haus
Mühlenkämpchen
40878 Ratingen
www.wasserburg-zum-haus.de

Der Zugang durch das Tor der Vorburg

Der turmlose Nordwestteil der Burg

Der letzte adelige Besitzer war Dr. Maximilian Reichsgraf von Spee, er schenkte der Stadt Ratingen 1972 die Burg. Der Architekt Bruno Lambart übernahm 1973 die verfallene Burganlage und restaurierte in den folgenden zehn Jahren alle Gebäudeteile. Seine Anbauten unterscheiden sich optisch kaum von der historischen Burg. Er schloss den Burggraben wieder an den Angerbach an. Heute wird ein Teil der Burg bewohnt, in den anderen Bereichen befinden sich ein Kulturzentrum und ein Restaurant.

Schloss Heltorf – Forstwirtschaft mit Tradition

In einem Rentenverzeichnis des Stifts Kaiserswerth aus dem 11. Jahrhundert wurde ein Hof Helenthorpe erwähnt, auf den das heutige Schloss zurückgeht. Die Gebäude haben sich im Laufe der Jahrhunderte verändert - nicht aber die Liebe ihrer Bewohner zur Natur und zur Forstwirtschaft.

Der Rittersitz am Angerbach

Bereits im 12. Jahrhundert wurde hier Forstwirtschaft betrieben. Im Jahr 1189 wurde mit Otto von Heltorf erstmals ein Bewohner dieses Hofs schriftlich erwähnt. Über das Aussehen der mittelalterlichen Anlage ist nichts bekannt, sie wurde bei einem Brand zerstört und durch einen Neubau ersetzt. Dieser wurde im Dreißigjährigen Krieg schwer beschädigt.

Die Grafen von Spee

Johann Bertram von Scheid, genannt Weschpfennig, starb 1662 ohne männliche Nachkommen. Damit ging Schloss Heltorf über seine Erbtochter Maria an deren Ehemann Friedrich Christian Freiherr von Spee. Er wandelte die einfache Burg in ein repräsentatives Schloss um. Im Jahr 1669 begannen die Bauarbeiten am neuen Herrenhaus im Stil des Barock. Die Vorburg kann auf 1693 bis 1698 datiert werden, die Schlosskapelle in das Jahr 1716. Eine um 1720 angefertigte Tuschezeichnung des wallonischen Künstlers Renier Roidkin zeigt noch das barocke Herrenhaus mit der Vorburg und dem streng symmetrisch angelegten Garten.

Die Freiherren von Spee gewannen an Ansehen, Friedrichs Sohn Degenhardt Bertram von Spee machte sich als kurpfälzischer Generalleutnant und Geheimrat einen Namen. Er starb 1736, sein Sohn Ambrosius Franziskus von Spee wurde 1739 im Alter von neun Jahren von Kaiser Karl VI. in den Reichsgrafenstand erhoben. Er trat in die Dienste des Herzogtums Jülich-Berg und bekleidete dort zahlreiche Ämter. Während er seinen Sitz auf Schloss Heltorf hatte wurde dort 1748 eine Galerie angelegt und das Hauptgebäude erhielt 1787 ein neues Pyramidendach mit Haube und Laterne. Carl-Wilhelm Franz-Xaver von Spee ergänzte zwischen 1800 und 1810 zwei Seitenflügel.

Außenansicht von der Heltorfer Schlossallee

Auch der Barockbau konnte nicht überdauern, obwohl er weder Brand- noch Kriegsschäden hatte. Der neue Schlossherr Franz von Spee fand keinen Gefallen daran und ließ ihn abreißen, nur die beiden Seitenflügel durften stehen bleiben. Er beauftragte den Essener Architekten Heinrich Theodor Freyse mit der Planung eines Neubaus im klassizistischen Stil, die Bauarbeiten erfolgten 1822 bis 1827. Das Herrenhaus wurde neunachsig angelegt, die mittleren fünf Achsen wurden dabei durch einen leicht vortretenden Risalit und einen dreieckigen Giebel optisch hervorgehoben. Dieses klassizistische Schloss ist ein glatter Putzbau mit einem dreigeschossigen Hauptgebäude und zweigeschossigen Seitentrakten.

Daran wurde 1862 eine achteckige Bibliothek im neugotischen Stil angebaut. Die alte Schlosskapelle musste 1874 abgerissen und ersetzt werden, die neue Kapelle wurde nach den Plänen des Kölner Architekten Vincenz Statz ebenfalls neugotisch gestaltet.

Die schattenspendende Schlossallee

Das Südtor mit dem Spee'schen Wappen

Der Dickebusch

Der französische Mönch Abbé Biarelle schlug 1796 Carl-Wilhelm Graf von Spee vor, einen englischen Landschaftspark anzulegen. Das gefiel dem Grafen und er pflanzte 1799 den ersten Tulpenbaum. Dieser ist immer noch im Park zu finden. Im Jahr 1803 engagierte er den renommierten Gartenarchitekten Maximilian Friedrich Weyhe. Im Laufe der letzten zwei Jahrhunderte ergänzten die Schlossherren den Park immer nach ihren Vorlieben. Er wuchs auf 54 Hektar mit über 700 verschiedenen Baumarten an, durch die Spazierwege mit einer Gesamtlände von zwölf Kilometern führen. Im Osten und Norden bildet der Angerbach eine natürliche Grenze, hier wurde der Bach zu vier Teichen gestaut. Der Englische Weiher befindet sich unmittelbar am Schloss Heltorf, nördlich davon liegen die Goldfischteiche, zwei weitere Teiche liegen im Nordosten des Parks. Dieser Park ist auch als der Dickebusch bekannt, denn es ist kein streng symmetrisch angelegter Park mit Rasen und Rabatten, sondern ein herrlich natürlicher Waldpark. Im Mai bietet der Park ein besonderes Naturschauspiel, wenn die bis zu neun Meter hohen Rhododendron-Büsche in allen Farben blühen.

Informationen

Der Schlosspark öffnet zwischen dem 1. April und dem 31. Oktober jeweils samstags, sonntags und feiertags von 10 bis 18 Uhr, der Zugang erfolgt über das Tor am Froschenteich 22, 40489 Düsseldorf. Besonders schön ist es im Mai zur Rhododendronblüte.

Auf der Naturbühne im Schlosspark finden Programme von der Greifvogel-Flugschau über Alphornkonzerte bis hin zu Pferdeshows statt.

Kontakt

Schloss Heltorf
Heltorfer Schlossallee 100
40489 Düsseldorf
www.forst-graf-spee.de

Schloss Homburg – Wahrzeichen des Oberbergischen Kreises

Die Geschichte von Schloss Homburg begann mit einem steinernen Rundturm. Dessen Fundament wurde bei archäologischen Grabungen in den Jahren 1999 und 2000 entdeckt. Er hatte einen Durchmesser von 12,5 Metern und wurde vermutlich als Wohn- und Wehrturm genutzt. Die regelmäßig angelegten Pfostenlöcher gelten als Beleg dafür, dass er mit Palisaden umgeben war. Bei Radiokarbonmessungen konnte die Bauzeit dieses ersten Burgturms auf 1025 bis 1160 datiert werden.

Das Homburger Ländchen

Ein erster schriftlicher Beleg ist eine Urkunde aus dem Jahr 1276, in der Graf Gottfried I. von Sayn sein „castrum Homburg" auf König Rudolf von Habsburg übertrug. Gottfried I. baute eine Burg mit Palas und Wohnturm als Witwensitz für seine Gattin Jutta von Isenburg-Grenzau. Nach seinem Tod im Jahr 1284 entbrannte zwischen seinen Söhnen Johann und Engelbert ein heftiger Streit um das Erbe. Erst 1294 konnte Jutta sie zu einer Erbteilung bewegen. Das Homburger Ländchen hatte nun zwei Landesherren: Johan begründete die Linie von Sayn-Sayn, auf Engelbert geht die Linie Sayn-Homburg zurück, die später zur Linie Sayn-Wittgenstein wurde. Der Palas wurde zum Sayn'schen Haus und Engelbert baute einen zweiten Palas, das spätere Wittgensteiner Haus.

Strahlend gelb – die Rückansicht des Schlosses

Damit entstand eine Ganerbenburg, die von beiden Familienzweigen bewohnt und verwaltet wurde. Ihr Zwist ging weiter und mehrere Burgfriedensverträge wurden nötig. Gleichzeitig wuchs die Machtposition der Grafen von Mark und Berg. Blankenberg wurde 1361 bergisch, nun hatten die Grafen von Sayn kein zusammenhängendes Territorium mehr und das streitgeschwächte Homburg geriet in eine Insellage. Die Grafen von Berg erhielten 1409 das Öffnungsrecht an Homburg, es erlaubte ihnen im Kriegsfall jederzeit die Nutzung der Burganlage. Die Bevölkerung litt sehr unter dem Dauerstreit um Jagd- und Fischereirechte, Religionszugehörigkeit, Gerichtsbarkeit und Gewässernutzung.

Schloss Homburg vom Schlosspark gesehen

Erst 1604 gelang es Graf Ludwig I. von Sayn zu Wittgenstein, die jahrhundertelangen Auseinandersetzungen zu beenden. Im Siegburger Vergleich wurde die Grenze zwischen den Herrschaftsbereichen von Berg und Homburg festgelegt, die Orte Waldbröl und Morsbach fielen dabei an das Herzogtum Berg. Auch die Homburger Doppelherrigkeit endete, denn Graf Heinrich IV. war kinderlos geblieben und die Linie Sayn-Sayn erlosch.

Barockschloss und Fälscherwerkstatt

Während anderenorts der Dreißigjährige Krieg die Zerstörung zahlreicher Burgen mit sich brachte, blieb die Burg Homburg davon verschont. Ernst von Sayn-Wittgenstein-Homburg baute die Burg ab 1635 zu einem Barockschloss aus. Dabei wurden die in der Vergangenheit entstandenen Bauteile zu einem einheitlichen Bauwerk umgestaltet, der Nordflügel und der Bergfried wurden aufgestockt, es entstand eine harmonische Dreiflügelanlage. Im Zuge der Bauarbeiten wurde ein Forsthaus errichtet, das heute eine naturhistorische Dauerausstellung beherbergt. Vermutlich entstand auch die Zehntscheuer in der Vorburg zu dieser Zeit, denn die bäuerlichen Untertanen wurden für den Ausbau zu erhöhten Abgaben herangezogen und mussten zusätzliche Frondienste leisten.

Zwischen 1690 und 1698 befand sich im Bereich der Vorburg eine Münzstätte, die – so erfährt man es in Schlossführungen – nicht nur für die Prägung der echten Münzen genutzt wurde. Auch eine Menge Falschgeld wurde geprägt und ermöglichte der Grafenfamilie einen guten Lebensstil.

Von 1816 bis 1819 war Schloss Homburg Sitz des preußischen Kreises Homburg, danach verfiel es und das Wittgensteiner Haus musste niedergelegt werden. Ab 1906 wurde das Schloss gesichert und instand gesetzt. Der Bergische Geschichtsverein eröffnete 1926 das Heimatmuseum in der Burg, es ging 1936 in die Trägerschaft des Oberbergischen Kreises über.

In der Waffenkammer

Das Wappen mit Sayn'schen Löwen am Tor zum Barockgarten

Die Schlossherren müssen Genießer gewesen sein, denn die Schlossküche im Untergeschoss der Hauptburg ist großzügig dimensioniert. An heißen Tagen ist es dort angenehm kühl, das wussten auch Politiker sehr zu schätzen: Der nordrhein-westfälische Ministerpräsident Heinz Kühn gab am 21. Mai 1973 einen Empfang für den sowjetischen Staatschef Leonid Breschnew und Bundeskanzler Willy Brandt. In der Schlossküche wurde oberbergischer Spießbraten serviert, dazu gab es kühles Bier. Beides mundete den Herren, denn es wird erzählt, dass sie das Mahl sehr viel später beendeten, als vom Protokoll vorgesehen war.

Die letzte große Baumaßnahme wurde 2014 abgeschlossen, dabei wurde an der Stelle der alten Orangerie ein moderner Glaspavillon errichtet. Im Schlosspark entstanden ein Rasenlabyrinth und ein Kräutergarten.

Informationen

Das Schloss und das Museum können dienstags bis sonntags besichtigt werden.

In Kai's Restaurant (www.kais-restaurant.de) in der Zehntscheuer werden erlesene Speisen und selbstgemachte Torten serviert.

Unterhalb des Schlosses befinden sich eine ehemalige Mühle und eine Bäckerei, die hierher transloziert wurden. Sie können nur von außen angesehen werden.
Der Naturerlebnispfad Schloss Homburg ist ein knapp 3 km langer Rundweg durch die Wälder rund um das Schloss Homburg und durch die Auenlandschaft der Bröl.

Kontakt

Schloss Homburg
Schloss Homburg 1
51588 Nümbrecht
www.schloss-homburg.de

Burg Honrath – Rittersitz über dem Aggertal

Honrath gehört zu den ältesten Rittersitzen der Region. Schon als Godefried in einer Schenkungsurkunde von 1117 dem Kloster Siegburg seinen lehnsfreien Besitz Hagenroth schenkte, könnte es sich um eine kleine Burg in Honrath gehandelt haben. Hagan bedeutete eingefriedetes Gut und deutet auf einen Einzelhof hin, der später zum Rittersitz wurde.

Die romanische Burg

Spätestens Ende des 12. Jahrhunderts gab es eine romanische Burganlage, denn als Graf Arnold von Hückeswagen 1209 der Abtei Gräfrath seine Besitzungen in Honrath schenkte, benannte er ausdrücklich eine Burg, die er von der Schenkung ausnahm und weiter in seinem Eigentum behielt. Der Wehr- und Wohnturm dieser Burg diente den Burgbewohnern damals als Zufluchtsort. Er ist bis heute als Kirchturm der benachbarten Kirche erhalten, früher war die Kapelle im Obergeschoss durch einen Brückenbogen mit dem Burghaus verbunden. Ab 1259 gehörte die Burg den Grafen von Sayn, die Grafen von Berg erlangten 1363 das Eigentum an der Burg Honrath.

Die unfreiwillige Brautfahrt

Nach dem Tod von Wilhelm Lüninck 1530 kam es zu Erbstreitigkeiten um Schloss Georghausen, 1541 einigten sich die Hinterbliebenen darauf, dass Lünincks Schwester Elisabeth und sein Neffe Joist das Schloss zu gleichen Teilen erbten. Das war für beide unpraktikabel, also tauschte Elisabeth ihr Haus Honrath gegen die zweite Hälfte ein und Joist Lüninck wurde Burgherr in Honrath. Er muss in jungen Jahren ein wahrer Lebemann gewesen sein. Über ihn wird erzählt, dass er stets einem guten Tropfen zugetan war und allen jungen Frauen schön tat. Manch ein Mädchen träumte davon, Burgherrin auf Honrath zu werden, viele Väter hätten ihn trotz allem gerne als Schwiegersohn gehabt. Doch an Ehe und Familie verschwendete Joist keinen Gedanken. Der Herr von Etzbach im Westerwald hatte drei Töchter im heiratsfähigen Alter, leider drückten ihn auch viele Schulden. Trotz sparsamer Haushaltsführung servierte er Joist Lüninck bei dessen Besuchen stets einen besonders wertvollen und wohlschmeckenden Malvasier. Er mochte den Wein und die jüngste Tochter Gisela, also war er häufiger in Etzbach zu Gast. Eines heißen Sommertages erreichte er Etzbach nach einem Ritt durch Hitze und Staub. Erhitzt und durstig freute er sich auf den würzigen Malvasier, bekam aber stattdessen einen minderwertigen sauren Wein vorgesetzt. Er stieß den Becher vom Tisch und bat Gisela um den köstlichen Trunk, den sie ihm neulich servierte. Sie entgegnete, dass im Kellergewölbe zwar noch zehn Fässer davon lagerten, dies aber ihre Aussteuer sei und zu keinem anderen Anlasse angerührt werden solle. Den durstigen Besucher verlangte es aber so sehr nach dieser Köstlichkeit und der Durst war inzwischen so stark, dass er sogar eher bereit war, um ihre Hand anzuhalten,

Die Burg im Dorf

Der Kirchturm hinter den Hofgebäuden war einst Teil der Burg

als auf den Malvasier zu verzichten. Die kluge Gisela hatte bereits ein schriftliches Eheversprechen vorbereitet, das er eilends unterschrieb. Nun stießen die frisch Verlobten und der Brautvater in der Etzbacher Trinklaube mit dem süßen Malvasier an. Man sagt, die Verbindung der beiden sei wegen der besonderen Umstände der Verlobung besonders glücklich geworden.

Das neue Burghaus

Wer damals den Bau des Burghauses veranlasste, ist nicht bekannt. Möglicherweise übernahmen die jungen Eheleute ergänzt von Elisabeth ein frisch saniertes Burghaus, aber vielleicht geht der Bau des Burghauses auch auf Joist und Gisela selbst zurück. Das Burghaus wurde jedenfalls Mitte des 16. Jahrhunderts auf den Mauerresten der romanischen Burg errichtet. Diese sind in den Tonnengewölben des Kellers noch erhalten geblieben. Das zweigeschossige Bruchsteingebäude wurde an der Südseite mit zwei trutzigen Rundtürmen versehen. Es wird vermutet, dass sich an der Nordwestecke des Wirtschaftsgebäudes ein dritter Rundturm befand. In dieser Zeit erreichte die Reformation das Bergische Land und die Honrather Kirche wurde evangelisch.

Es folgten zahlreiche neue Burgherrenfamilien, eine von ihnen ersetzte im 18. Jahrhundert alle Fenster des Gebäudes. Auch die geschweiften barocken Turmhauben wurden durch einfache Faltdächer ersetzt. Seit 1930 ist die Burg in bürgerlichem Besitz, sie wird landwirtschaftlich, zu Wohnzwecken und als Künstleratelier genutzt.

Informationen

Die Burg wird noch bewohnt und kann nicht besichtigt werden. Sie kann von der nahen Straße gut betrachtet werden.

Vom Schloss Auel liegt die Burg Honrath nur einen 1,5 km langen Spaziergang entfernt.

Kontakt

Burg Honrath
Peter-Lemmer-Weg 5 b
53797 Lohmar

Schloss Hückeswagen – Eine Grenzfeste wird zum Rathaus

Von diesem Schloss geht ein Zauber aus, noch ehe es in Sicht kommt. Der Weg dorthin führt durch idyllische Altstadtgassen mit malerischen Fachwerkhäusern und prächtigen Bürgervillen. Das Schloss Hückeswagen mit seinem schönen Rosengarten bildet den Mittelpunkt der historischen Altstadt und blickt auf eine lange Geschichte zurück.

Der Nordturm von Schloss Hückeswagen

Die Grafen von Hückeswagen

Als die Fürstäbtissin Swanhildis von Essen im Jahr 1085 während einer Synode in Mainz den damaligen Kaiser Heinrich IV. um eine Bestätigung und Schenkung für drei ihrer Erbgüter bat, war dies die erste urkundliche Erwähnung der Hofschaft Hukengesuuage. Es wird vermutet, dass diese Ortsbezeichnung „Siedlung des Geschlechts der Hukinger nahe dem Wasser" bedeutet. In den folgenden Jahrzehnten muss einer der Bewohner in den Grafenstand erhoben worden sein oder sich dort eine Grafenfamilie angesiedelt haben. Jedenfalls wurde schon 1138 ein Graf Friedrich von Hückeswagen historisch überliefert.

Sie bauten ihren Stammsitz auf einem Bergsporn hoch über der Wupper und nannten Ländereien bis zur Kleinen Dhünn ihr Eigen. Den Machtansprüchen der Grafen von Berg hatten sie wenig entgegenzusetzen. Graf Heinrich von Hückeswagen musste schon 1189 beim Grafen Engelbert I. von Berg ein Darlehen über 100 Mark aufnehmen. Dabei wurde mit der lateinischen Bezeichnung „castrum huckingisvage" erstmals eine Burg erwähnt, dabei handelte es sich um den rechteckigen Wohnturm mit drei Geschossen in der Nordecke der heutigen Schlossanlage. Noch gab sich der Graf von Berg als Gegenleistung mit den Erträgen einer Mühle zufrieden. Doch das sollte sich bald ändern.

Bergischer Witwensitz und Pfand

Graf Arnhold von Hückeswagen erbaute zwar noch den runden Schelmenturm auf der Rückseite des Haupttraktes, konnte dann aber dem wachsenden Druck des Grafen Engelbert II. von Berg nicht mehr standhalten. Er verließ um 1230 seine Burg in Hückeswagen und trat in die Dienste des böhmischen Königs Ottokar I. Nach seinem Tod um 1240 hatten auch seine Söhne Franco und Heinrich kein Interesse mehr an der Burg und überließen sie 1260 der Gräfin Margaretha von Berg, der Schwester des Kölner Erzbischofs Konrad von Hochstaden und Witwe des Grafen Adolf IV. von Berg. Sie vertrat den gemeinsamen Sohn Adolf bis zu seiner Volljährigkeit. Nachdem er 1266 als Graf Adolf V. die Regentschaft übernommen hatte, zog sie sich in die Burg Hückelhoven zurück und verstarb dort 1314 im Alter von mehr als 100 Jahren. Sie gestaltete die Burg zu einem prächtigen Witwensitz um und ließ den Palas vergrößern. Es entstand eine wehrhafte Burganlage mit vier Flügeln, die Ecken waren mit vier Türmen besetzt und die nordwestliche Wehrmauer trug einen Mauerturm.

Zu ihrer Zeit, spätestens ab 1298, wurde Hückelhoven zum Verwaltungssitz. Die damalige Kellnerei (Rentmeisterei) wurde zum Amt Hückeswagen erhoben. Die Burg und das Amt wurden mehrfach verpfändet, um den großen Geldbedarf der Bergischen Grafen zu decken. Im Jahr 1360 wurde Hückeswagen mit Freiheit und vier Honschaften bergisches Amt. Die gleichzeitig begründete

Freiheit war Sitz der Hofesverwaltung Hückeshoven. Noch heute heißt der Ort im Volksmund Heukeshowwen. Ohne nachweisbare bauliche Veränderungen wandelte sich die Bezeichnung der Burg schon im ausgehenden 14. Jahrhundert in slos (Schloss).

Kriege und Wiederaufbau

Im Dreißigjährigen Krieg wurde Hückeswagen besetzt, geplündert und gebrandschatzt, gleichzeitig erreichte die Reformation den Ort und der mainfränkische Graf Adam von Schwarzenberg war Schlossherr. Nach Kriegsende eroberten die Berger ihre „angestammten Rechte" zurück, das Palasgebäude wurde 1683 zu einer katholischen Kirche umgewidmet. Danach verfiel die Burg, denn alle Einnahmen aus dem Amtsbezirk mussten an die Grafen und Herzöge von Berg weitergeleitet werden.

Informationen

Das Museum ist sonntags von 11 bis 13 Uhr geöffnet, außerdem jeden ersten Samstag im Monat von 14.30 bis 16.30 Uhr.

Die Schlossbesichtigung sollten Sie mit einem Bummel durch die idyllische Altstadt mit den verschieferten Fachwerkhäusern verbinden.

Kontakt

Schloss Hückeswagen
Auf'm Schloss 1
42499 Hückeswagen
www.hueckeswagen.de

Gaube im Westflügel

1796 requirierte der napoleonische Marschall Ney das Schloss, 1815 wurde es preußisch. Erwald Johanny kaufte es 1820, seine Familie gehörte zu den wohlhabenden Hückeswagener Tuchmacherfamilien. Er restaurierte den Westflügel und baute den Ostflügel aus. Der ursprünglich etwa 23 Meter hohe Bergfried wurde auf zwei Geschosse zurückgebaut.

Um 1884 ging das Schloss in das Eigentum der Stadt über, es ist Sitz des Bürgermeisters. Im Westflügel ist ein Teil der Stadtverwaltung untergebracht, im Ostflügel befinden sich das Heimatmuseum und die 1960 restaurierte spätromanische Burgkapelle.

Schlossplatz, Westflügel und Nordturm

Mächtige Mauern unterhalb der Burgkapelle

Stattlicher Backsteinbau – die Südfassade des Herrenhauses

Schloss Hugenpoet – Doppelt gesichertes Kleinod im Ruhrtal

Wo heute die Ruhr beschaulich durch ihr Tal fließt, verlief im in früheren Zeiten die Grenze des Bergischen Landes. Zahlreiche Burgen sicherten die strategisch wichtigen Flussübergänge und die im Ruhrtal verlaufenden Handelsstraßen ab.

Die Motte Nettelshof und das erste Schloss Hugenpoet

In einer Urkunde aus dem Jahr 778 fand ein Vorgängerbau erste Erwähnung. Die Motte Nettlinghave war zu dieser Zeit ein Königsgut Karls des Großen. Die Anlage diente dem Schutz der Kettwiger Ruhrbrücke und gehörte zum Gebiet des Klosters Werden. Ein Ritter Vlecke Nesselrode-Hugenpoet wurde 1314 mit dem Hof belehnt. Wann er oder seine Nachfahren das Hofgut wehrhaft ausbauten, ist nicht bekannt. Bei einer der Fehden der Herzogtümer Kleve und Geldern wurde die Burg bei einem Brand zerstört und um 1509 durch einen Neubau ersetzt, der „einen Büchsenschuss vom alten entfernt" lag. Über dessen Aussehen ist leider wenig bekannt.

Etwa in dieser Zeit nannten sich die Ritter Herren von Nesselrode zu Hugenpoet. Die Bedeutung des Namens lässt sich übrigens ganz leicht erklären: Huge ist eine Kröte und Poet eine Pfütze oder ein Pfuhl, die Bezeichnung Hugenpoet weist daher auf die feuchte Auenlandschaft hin.

Das neue Schloss

Der Dreißigjährige Krieg hatte katastrophale Folgen für die Menschen im Ruhrtal. Schloss Hugenpoet wurde 1633 bei Angriffen schwer beschädigt, immer wieder kamen Truppen über die Kettwiger Ruhrbrücke. Angesichts der Kriegsschäden ließ Herzog Wilhelm von Berg 1635 diese strategisch bedeutsame Brücke abreißen. Johann Wilhelm von Nesselrode zu Hugenpoet und seine Gemahlin Anna von Winkelhausen veranlassten 1647 einen Neubau des Schlosses mit den Nebengebäuden. Ihre gemeinsame Tochter Johanna heiratete Bernhard III. von Droste-Hülsdorf. Zwei Jahrhunderte und sechs Generationen später sollte ihre Nachfahrin Annette von Droste-Hülsdorf als bedeutende Dichterin in die Geschichte eingehen.

Auf einer Brücke über den äußeren Wassergraben erreicht man ein Tor mit dem Allianzwappen Nesselrode/Winkelhausen. Dahinter liegt die äußere Vorburg mit dem Wirtschaftshof. Einige wenige Mauerreste des alten Schlosses konnten bei dem Bau der äußeren Vorburg erhalten bleiben. Durch einen Torbogen gelangt man in die zweite Vorburg. Ihre beiden langgestreckten Gebäude bilden eine Sichtachse zur Hauptburg.

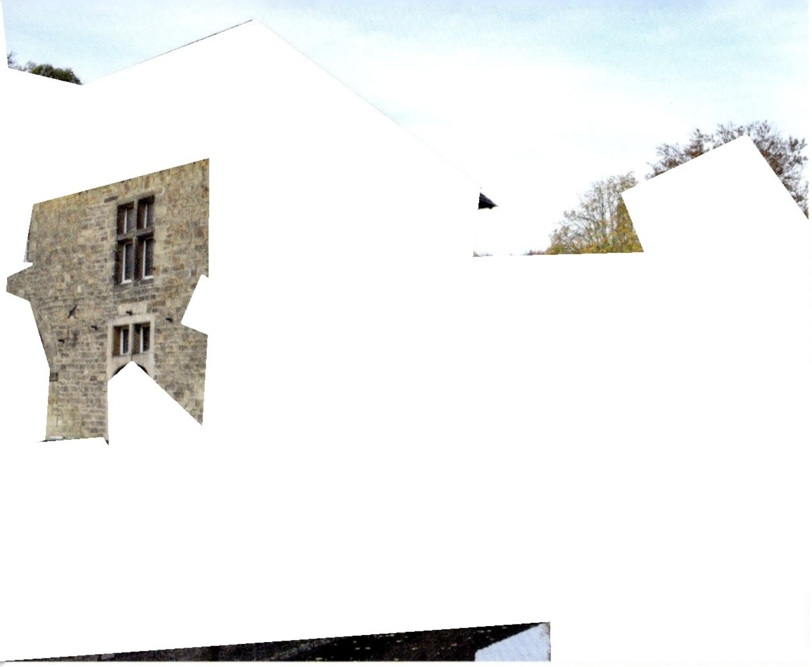

Ein Teil der äußeren Vorburg

Informationen

Ausgesprochen wird der Name des Schlosses „Hugenpoot".

Im linken Wintergarten mit Blick in den Park befindet sich das Fine Dining Restaurant 1831, dort werden exquisite Menüs mit vier bis sechs Gängen serviert, auch vegetarisch. In der Remise bietet das Restaurant HUGENpöttchen köstliche Gerichte mit marktfrischen regionalen Zutaten an.

Das Schloss Landsberg mit seinen Parks und Gärten ist nur einen kurzen Spaziergang entfernt.

Kontakt

Schlosshotel Hugenpoet
August-Thyssen-Straße 51
45219 Essen
www.hugenpoet.de

Diese ist bis heute an allen Seiten von Wassergräben umgeben. Das stattliche rechteckige Herrenhaus aus Backstein trägt ein Walmdach. Die symmetrische Hauptfassade weist zur zweiten Vorburg, der geschweifte Mittelgiebel ist dabei ein hübscher Blickfang. Auf der Rückseite erheben sich aus dem Walmdach zwei dreigeschossige Pavillontürme mit geschweiften Hauben und Laternen. Nach etwa 50-jähriger Bauzeit konnte Johann Wilhelm von Nesselrode zu Hugenpoets Nachfolger Constantin Erasmus Freiherr von Nesselrode zu Hugenpoet 1696 die Vollendung der Bauarbeiten erleben.

Renovierung durch die Freiherren von Fürstenberg

Seinen Nachfahren fehlten die finanziellen Mittel zum Erhalt des Bauwerks. Freiherr Friedrich Leopold von Fürstenberg erwarb das verfallene Schloss 1831 bei einer Versteigerung. Sein Enkel gleichen Namens ließ es zwischen 1872 und 1879 modernisieren und im Stil der Neorenaissance umbauen. Der Dachfirst wurde angehoben, die damaligen Kreuzstockfenster ersetzt und ein großer Schlosspark angelegt. Die Familie Fürstenberg verlegte 1879 ihren Sitz von Schloss Borbeck nach Hugenpoet.

Nachdem im Zweiten Weltkrieg das Folkwang-Museum ausgebombt worden war, bot das Schloss bis 1954 in seinem Erdgeschoss Schutz und Raum für die Museumssammlung. Danach wurde das Schloss von den Eigentümern saniert und auf der Parkseite um eine Terrasse ergänzt, die auf Stelzen im Wassergraben steht. Seit Ostern 1955 wird das Schloss als Hotel und Restaurant genutzt. Als dem Hotel Ende 2013 die Insolvenz drohte, übernahm der Schlossherr Maximilian Freiherr von Fürstenberg den Hotelbetrieb. Er erweiterte das Hotel auf 36 Zimmer und eröffnete 2016 das Gourmetrestaurant Laurushaus sowie im Jahr 2022 das Restaurant 1831.

Der Blick von der westlichen zur östlichen inneren Vorburg

Das Allianzwappen Nesselrode/Winkelhausen

Die Kaiserpfalz – Barbarossas Festung im Rhein

Die Geschichte dieses Bauwerks begann im frühen Mittelalter. Um das Jahr 700 erhielt der angelsächsische Mönch Suitbertus von Nottingham vom fränkischen Herrscher Pippin II. und seiner Frau Plektrudis den fränkischen Fronhof Rinthausen. Der mit Graben, Wall und Palisaden geschützte Hof lag an einem künstlich angelegten Rheinarm auf einer Insel im Rhein. Suitbertus gründete dort ein Kloster, es kam durch Schenkungen zu Reichtum. Das weckte schnell Begehrlichkeiten, also wurde zur Sicherung die wehrhafte Burg Suitbertuswerth gebaut, ihr Name leitet sich aus dem mittelhochdeutschen Wort Werth für Insel ab.

Die Pfalz und der Königsraub

Im Mittelalter regierten die Herrscher vom Rücken ihrer Pferde. Unterwegs benötigten sie sichere Unterkünfte, dafür hatten sie im Abstand eines Tagesritts einfache Königshöfe und besser ausgestattete Pfalzen. Von Pippins II. Urenkel Karl dem Großen wird gesagt, dass ihm 1000 Königshöfe und 200 Pfalzen zur Verfügung standen. In Karls jahrzehntelangen Sachsenkriegen wurde die Suitbertuspfalz mehrfach angegriffen und zerstört.

Kaiser Heinrich II. schenkte dem Pfalzgrafen Ezzo 1016 die Burg, als Dank für seine Ernennung zum Herzog von Schwagen gab Ezzo sie 1045 an Heinrich III. zurück. Dieser baute sie zu einer salischen Pfalz aus, starb mit nur 40 Jahren und hinterließ seinen sechsjährigen Sohn, für den zunächst dessen Mutter Agnes von Poitou die Regentschaft führte. Im Jahr 1062 lockte der Kölner Erzbischof Anno II. den inzwischen elfjährigen König Heinrich IV. auf sein Schiff und brachte ihn nach Köln. Anno II. konnte dadurch bis zu Heinrichs Volljährigkeit das Heilige Römische Reich selbst regieren. Diese Kindesentführung ging als Kaiserswerther Königsraub in die Geschichte ein, Heinrichs Verhältnis zur Kirche blieb zeitlebens so angespannt, dass er nach seiner Exkommunikation den berühmten Gang nach Canossa antrat.

Eine (fast) uneinnehmbare Festung

Kaiser Friedrich I. Barbarossa verlegte 1174 den Rheinzoll nach Grafenwerth. Er ließ die Pfalz zu einer mächtigen Festung ausbauen. Die Pfalz hatte nun einen dreigeschossigen Palas und einen Bergfried. Nordöstlich davon stand ein

Die gut erhaltene Westseite des Palas

Die kleine quadratische Mauer markiert den Bergfriedinnenraum

Die Bronzeskulptur Sidu auf der Nordwestecke des Klever Turms

weiterer Turm, der spätere Klever Turm. Zur Landseite war die Anlage von einer halbkreisförmigen Mauer mit vorgelagertem Graben und zwei Ecktürmen geschützt. Die späteren Kaiser suchten die Kaiserpfalz gerne auf, wie sich an der Vielzahl der dort ausgestellten Urkunden ablesen lässt.

Nach dem Tod des Kaisers Heinrich VI. kam es ab 1198 zu einem langen Thronstreit, aus dem der spätere Kaiser Otto IV. als Sieger hervorging. Bei neuerlichen Thronstreitigkeiten schlug sich Bischof Otto I. von Münster auf die Gegenseite und wurde 1214 von seinem Namensvetter in der Kaiserpfalz inhaftiert. Graf Adolf III. von Berg versuchte fünfmal vergeblich, seinen Freund Otto zu befreien. Vom Wasser her war die Festung uneinnehmbar, also staute er den künstlichen Rheinarm südlich der Stadt auf. Nun konnte er durch das trocken gefallene Flussbett über Land angreifen und den Bischof befreien.

Kurkölnische Exklave im Herzogtum Jülich-Berg

Leicht war es auch nach Wegfall der Insellage nicht, Kaiserswerth einzunehmen. Friedrichs II. Gegenkönig Wilhelm von Holland musste 1247 die Festung ein ganzes Jahr lang belagern, bis sich die Verteidiger schließlich ergaben. Kaiserswerth blieb bis 1424 in holländischem Besitz, danach ging es nacheinander an Kurköln, das Herzogtum Kleve und das Herzogtum Jülich-Berg. Kurköln konnte Kaiserswerth für 100 000 Gulden zurückkaufen und hatte damit eine Exklave im Herzogtum Jülich-Berg. Der Kölner Erzbischof Salentin von Isenburg ließ die Pfalz zwischen 1567 und 1577 ausbauen, aber 1655 kam es zu einer Pulverexplosion, bei der die Pfalzkapelle und einige angrenzende Bauteile zerstört wurden. Im Kölner Bistumsstreit wurde die Kaiserpfalz 1689 bombardiert und in Brand gesetzt.

Die Schäden wurden bald behoben, doch schon brach 1702 der spanische Erbfolgekrieg aus. Kurköln stand auf der Seite Frankreichs, Herzog Johann Wilhelm II. von Jülich-Berg auf der Gegenseite. Kaiserswerth wurde angegriffen und zerstört, Johann Wilhelm II. ließ den Bergfried sprengen. An den Ruinen bediente sich danach jeder, der Steine für einen Neubau benötigte. Die Ostseite wurde bis auf die Grundmauern abgetragen, von der Westseite überdauerte ein 50 m langer, 6 Meter mächtiger und bis zu 14 Meter hoher Mauerrest. Größere Restaurierungen fanden um 1900 und von 1977 bis 2001 statt.

Informationen

Die Kaiserpfalz ist von Karfreitag bis zum 31. Oktober täglich von 10 bis 18 Uhr geöffnet. Führungen vermittelt der Förderverein.

Kontakt

Kaiserpfalz Kaiserswerth
Burgallee
40489 Düsseldorf
www.kaiserpfalz-kaiserswerth.de

Schloss Kalkum – Schlossgeschichte mit starken Frauen

Die Geschichte des Schlosses Kalkum reicht weit ins Mittelalter zurück. Der Ort calicheim war bereits Ende des 9. Jahrhunderts ein Königshof. Im Jahr 1176 wurde Wilhelmus de Calechin in einer Urkunde als Ministerialer des Klosters Meer (im heutigen Meerbusch) erwähnt und gilt als Gründer seines Adelsgeschlechts.

Die Kalkumer Fehde und das Barockschloss

Die Herren von Kalkum standen ab dem 13. Jahrhundert in den Diensten der Grafen von Berg. Im 14. Jahrhundert bauten sie eine zweiteilige Wasserburg. Bei der Kalkumer Fehde wurde 1405 Arnold von Kalkums Haus von den Kölner Truppen belagert und zerstört. Ob es sich dabei um die Burg Kalkum oder sein Haus Remberg handelte, lässt sich nicht mehr sagen. Mitte des 15. Jahrhunderts ging der Besitz auf die Familie von Winkelhausen über. Zwischen 1656 und 1663 wurde ein Barockschloss mit zwei Flügeln, einem quadratischen Eckturm und einem barocken Schlosspark für Ludger von Winkelhausen gebaut. Der wallonische Künstler Renier Roidkin hielt es in den 1720er-Jahren in einer Bleistiftzeichnung fest, es überdauerte als Südwestecke im neuen Schloss.

Herrenhaus und Küchenbau im Südflügel von Schloss Kalkum

Das klassizistische Schloss

Auf dem Erbweg wurden die Grafen von Hatzfeld-Weisweiler 1739 neue Eigentümer des Schlosses. Es wurde im Siebenjährigen Krieg stark beschädigt. Nach dem Tod des Landmarschalls Edmund Gottfried von Hatzfeld zog seine Witwe Maria von Kortenbach 1806 mit ihrer ebenfalls verwitweten Schwiegertochter Frederike von Hersell und dem Enkel Edmund nach Kalkum und fand das Schloss in einem unbewohnbaren Zustand vor. Die Grafenfamilie beauftragte den Krefelder Architekten Georg Peter Leydel mit der Planung einer großzügigen Schlossanlage in klassizistischem Stil. Bei dem Ausbau wurde die Schaufassade auf der Westseite auf acht Fensterachsen erweitert, mittig wurde ein Portalbau ergänzt. Dabei wurde der dreigeschossige Turm des Barockschlosses in der Südwestecke erhalten und ein Gegenstück an der Nordwestecke gebaut, um ein symmetrisches Bild zu schaffen.

Zufrieden war die Bauherrin mit Leydels Plänen nicht, es fiel ihr zu schlicht aus. In den folgenden Jahren beauftragte sie mindestens zwei weitere Architekten mit Um- und Anbauten. Am Ende hatten sie eine geschlossene Vierflügelanlage geschaffen, die allseits von Wassergräben umgeben war. Für die Umgestaltung des barocken Schlossparks in einen englischen Landschaftspark beauftragte die Bauherrin den Düsseldorfer Gartenarchitekten Maximilian Friedrich Weyhe.

Die Gräfin und der Arbeiterführer

Marias Enkel Edmund war ein streitlustiger Mann. Als Akt der Versöhnung der zerstrittenen Linien Hatzfeld-Trachenberg und Hatzfeld-Wildenburg wurde die Junggräfin Sophie von Hatzenfeld-Trachenberg 1822 an ihrem 17. Geburtstag mit ihm verheiratet. Er war ein Lebemann, der sie fortwährend demütigte und quälte. Als ihr jüngster Sohn neun Jahre alt war, betrieb sie ihre Scheidung mit Hilfe des damals erst 20-jährigen Rechtsanwalts Ferdinand Lassalle. Der Scheidungskrieg sollte sich von 1846 bis 1854 hinziehen, ihr wurden ein ehebrecherisches Liebesverhältnis zum halb so alten Lassalle und vorsätzliche Lügen vor-

Die Schaufassade des Westflügels

geworfen. Dafür wurde sie sogar wegen Verleumdung zu einer Gefängnisstrafe verurteilt und ihr wurden die bürgerlichen Ehrenrechte entzogen. Lassalle wurde wegen Beihilfe ebenfalls bestraft. Doch am Ende war sie Dank seiner Hilfe geschieden, der Sieg in diesem spektakulären Prozess machte Lassalle im ganzen deutschsprachigen Raum bekannt. Diese Bekanntheit nutzte er, um für die Idee der Arbeiterbewegung zu werben. Dabei unterstützte sie ihn und wurde seither „die rote Gräfin" oder „Mutter der Sozialdemokratie" genannt. Bis heute erinnert ein kleiner Pavillon an der Schlossparkmauer an Ferdinand Lassalle.

Der Lassalle-Pavillon

Die Brücke zum Westflügel

Die Grafen von Hatzfeld-Weisweiler verkauften Schloss Kalkum 1947 an das Land Nordrhein-Westfalen, das darin zunächst eine Flüchtlingsunterkunft und dann eine Ausbildungsstätte für Heimarbeiter unterbrachte. Nach einer großen Restaurierung wurde es von 1966 bis 2014 als Zweigstelle des Landesarchivs Nordrhein-Westfalen genutzt. Danach folgte eine Phase des Leerstands. Eine Projektgesellschaft der Prinz von Preussen Grundbesitz AG kaufte das Schloss 2021 und plant eine Sanierungs- und Umbauphase, bei der im denkmalgeschützten Schloss rund 25 mehrgeschossige Eigentumswohnungen eingerichtet werden.

Informationen

Der Schlosspark ist für die Öffentlichkeit zugänglich, dabei kann das Schloss von außen besichtigt werden.

Der Innenhof wird mehrmals im Jahr bei örtlichen Festen genutzt, z. B. für die Eröffnung des Kalkumer Schützenfestes oder das Martinsfest.

Barbarossas Kaiserpfalz in Kaiserswerth ist nur einen Spaziergang von gut zwei Kilometern entfernt, dafür folgt man der Kalkumer Schlossallee bis zum Leinpfad am Rhein.

Kontakt

Schloss Kalkum
Oberdorfstraße 10
40489 Düsseldorf

Schloss Landsberg – Wohnsitz und Grablege für August Thyssen

Im ausgehenden 13. Jahrhundert, vermutlich zwischen 1276 und 1289, erbaute Graf Adolf V. von Berg westlich von Kettwig und südlich der Ruhr auf einem steilen Bergsporn eine Burg. Wie das benachbarte Huegenpoet diente sie der Sicherung der Ruhrbrücke und der Straße von Kettwig nach Ratingen. Diese Burg bestand aus einem Bergfried, einem Torbau und einem Palas, umgeben von einer robusten Ringmauer.

Stammsitz der Herren von Landsberg

Graf Adolf V. setzte Philipp von Werden als Burgmann ein, dieser nannte sich etwa ab 1288 Philippo de Landsberg. Seine Söhne Wessel und Reinhardt machten sich im Umland durch Raubzüge und Wegelagerei unbeliebt. Nach Philipps Tod teilten sie sich das Erbe: die ältere Linie Landsberg zu Landsberg übernahm den Stammsitz, die neue Linie ging nach Erwitte bei Lippstadt. Ihre Nachkommen fielen durch einen anderen Lebenswandel auf und zählten in den nächsten Jahrhunderten zu den reichsten und angesehensten Adelsfamilien der Grafschaft Berg. Sie hielten die Burg instand und ergänzten sie um einen dreigeschossigen Rundturm.

Ende des 16. Jahrhunderts eroberten spanische Truppen das bis dahin als uneinnehmbar geltende Landsberg. Die zerstörte Burg wurde wieder aufgebaut. Doch schon im Jahr 1633, mitten im Dreißigjährigen Krieg, eroberten die kaiserlichen Truppen die Burg Landsberg und verwüsteten sie erneut. Herzog Wolfgang Wilhelm von Pfalz-Neuburg gelang es 1635, seine Burg Landsberg zurückzuerobern. Noch vor Kriegsende begann er mit den Wiederaufbauarbeiten, besserte beschädigte Mauern aus, richtete den zerstörten Rundturm wieder auf und ersetzte die Zinnen des Bergfrieds durch eine Brüstung.

Renaissanceschloss mit Barockgärten

Arnold Friedrich von Landsberg und seine Frau Katharina von Meschede bauten von 1652 bis 1666 die wehrhafte Burg zu einem prächtigen Renaissanceschloss aus. Die mittelalterliche Zugbrücke wurde durch eine steinerne Bogenbrücke ersetzt. Auf den Grundmauern des alten Palas entstand ein Herrenhaus mit geschweiften Giebeln, an seiner Nordecke ein zweigeschossiger Wohntrakt. So richtig traute man dem Frieden wohl nicht: Zwar brachte man zur Hofseite hin mit fünf Fensterachsen viel Licht in den Bau, jedoch wurden an der Außenseite nur schmale Lichtöffnungen ausgespart.

Nachdem Vitus Arnold von Landsberg 1705 ohne männlichen Erben gestorben war, brachte seine Tochter Anna Wilhelmina das Schloss Landsberg in die Ehe mit Freiherr Sigismund von Bevern ein. Das Ehepaar ließ an der Ostseite des Schlosses eine 100 Meter lange und acht Meter hohe Stützmauer anlegen. Sie diente als Basis für die Geländeterrassen, auf denen in den folgenden Jahren mehrere barocke Gärten und ein großer englischer Landschaftspark angelegt wurden. Nach dem Tod des Paares wechselten die Eigentümer einige Male. Am Ende kaufte es Reichsfreiherr Alexander von

Der Rundturm in der östlichen Schlossmauer

Landsberg-Velen zu Steinfurt, ein Nachfahre aus der Ende des 13. Jahrhunderts entstandenen Seitenlinie der Landsbergs. Bald wurde das Schloss nur noch als Sommerresidenz besucht und verfiel.

August Thyssen rettet das Schloss

Der Industrielle August Thyssen (1842–1926) wurde auf das Schloss aufmerksam und kaufte es 1903 von Ignaz von Landsberg-Velen. Das Schloss wurde entkernt, mit Schiefer gedeckt und edel ausgestattet. Die Hauptburg wurde um einen Wintergarten und ein dreigeschossiges Wohngebäude ergänzt. Die Außenanlagen mit ihren Gärten, Brunnen und Spazierwegen wurden von Grund auf erneuert. August Thyssen nutzte Schloss Landsberg als Alterssitz. Nach seinem Tod wurde er in der Gruft des Bergfrieds bestattet, das Schloss und der Grund bildeten die Basis der August-Thyssen-Stiftung Schloss Landsberg, die bis heute Eigentümerin ist.

Im Zweiten Weltkrieg nutzte ein Planungsstab der Kriegswirtschaft die Schlösser Landsberg und Hugenpoet. Er stand unter dem Befehl des Reichsministers für Rüstung und Kriegsproduktion Albert Speer. Der Planungsstab sollte die durch alliierte Luftangriffe zerstörten Produktionseinrichtungen, vor allem der Montanindustrie, so schnell wie möglich wieder funktionsfähig machen.

Nach dem Krieg war das Schloss zunächst ein Kindererholungsheim, später eine evangelische Freizeitstätte. Seit 1989 wird es als Tagungshaus für die Thyssen AG bzw. ab 1999 für die thyssenkrupp AG genutzt. Bis 1992 erfolgte eine behutsame Renovierung und Restaurierung der Innenausstattung. Man setzte den Rundturm und die Remise aufwendig instand. Im früheren Nutzgarten wurde ein sechsgeschossiger Wohnturm errichtet, der an einen mittelalterlichen Bergfried erinnert.

Informationen

Der Landschaftspark und die Gärten sind tagsüber für Besucher zugänglich. Dabei kann das Schloss von allen Seiten angesehen werden. Gegenüber dem steinernen Torbogen am Fuß des Schlossparks befindet sich ausreichend Parkraum.

Hinter dem Schloss beginnen mehrere ausgeschilderte Wanderwege durch abwechslungsreiche Wald- und Wiesenlandschaft.

Kontakt

Schloss Landsberg
August-Thyssen-Straße 1
45219 Essen

Der Schaugiebel an Thyssens Wohngebäude von 1903

Zugang zum Herrenhaus

Das Tor zum Schlossberg

Die bei Hochzeitsfotos beliebte Freitreppe von Schloss Linnep

Schloss Linnep – Das Märchenschloss am Hummelsbach

Fast ein ganzes Jahrtausend Geschichte lässt sich erzählen, wenn es um das Schloss Linnep geht. Schon in einer Urkunde des Stifts Kaiserswerth aus der Zeit um 1090 wurde ein Hof „linepo" erwähnt. In einer Urkunde der Abtei Werden wurde 1093 ein Wernherus de linepe als Zeuge aufgeführt. Auch ein dreißig Meter hoher Wehrturm aus Bruchstein soll bereits vorhanden gewesen sein, das war aber wohl nicht der heutige Burgfried, der bauhistorisch eher ins 13. bis 14. Jahrhundert datiert wird.

Das Castrum Lynp

Die Herren von Linnep unterhielten im 12. Jahrhundert weiterhin Lehnsbeziehungen zur Abtei Werden, später auch zu den Grafen von Berg. Im frühen 13. Jahrhundert gehörte Linnep zum Kirchspiel Mintard, in dieser Zeit werden die Bauarbeiten wohl begonnen haben, denn 1296 wurde ein „castrum Lynp" urkundlich erwähnt.

In einer Urkunde aus dem Jahr 1387 wurde ein Johann zu Lynepe als Ehemann einer Aleydis von Helpenstein genannt, die Familie hatte nun auch Güter bei Neuss. Einige ihrer Familienmitglieder waren als wüste Wegelagerer und Raubritter aufgefallen, deshalb entzog Erzbischof Friedrich ihnen die Herrschaft Helpenstein. Johann hingegen genoss als Domherr zu Köln ein gewisses Ansehen und erhielt Helpenstein 1414 wegen seiner Verdienste zurück.

Nach dem Erlöschen der Familie im Mannesstamm war Eva von Linnep-Helpenstein die letzte Besitzerin, die den Namen der Burg trug. Sie heiratete 1461 den Junggrafen Friedrich von Neuenahr, Herr zu Alpen.

Die Reformation erreicht Linnep

Einer ihrer Nachfahren, Graf Adolf von Neuenahr, verpfändete 1584 seinen Rittersitz Linnep an den Oberst Christoffel von Ysselstein, dessen Sohn Moritz

Das idyllische Schloss ist von Wasser umgeben

kaufte das Schloss 1643. Er gehörte der reformierten Kirche an und ließ gelegentlich evangelische Gottesdienste im Schloss abhalten. Auch sein Sohn Vincenz Schott von Isselstein stand auf der Seite der reformierten Minderheit und ermöglichte den Bewohnern der Nachbarorte nun regelmäßige Gottesdienste in seinem Schloss. Als der Schlosssaal die Zahl der Gottesdienstbesucher nicht mehr fassen konnte, stiftete er ein Landstück vor dem Schloss, auf dem 1683 bis 1684 die evangelische Waldkirche erbaut wurde. Sie gehört daher zu den ältesten reformierten Kirchenneubauten im Rheinland. Vincenz starb 1705 ohne männliche Nachkommen, seine Tochter Loisa Freiin von Isselstein erbte Linnep. Wahrscheinlich gehen die 1710 gebauten Gebäude, Remisen und Stallungen auf sie zurück. In den folgenden Jahrzehnten folgten mehrere Besitzerwechsel, das Gebäude befand sich in einem sehr schlechten Zustand, die Brücke und die Innenräume waren baufällig.

Ein Schloss entsteht

Im Jahr 1769 veranlasste der Düsseldorfer Hofrat Paul Katz den Neubau eines Herrenhauses mit Mansarddach auf einer Insel im Schlossteich. Die beiden Wohnetagen wurden auf einem hohen Sockel gebaut, hinauf zum Eingang wurde eine großzügige Freitreppe über den Wassergraben errichtet.

Über den Neffen des Hofrats ging das Schloss 1833 an die Familie Brügelmann, die mit dem Betrieb der Baumwollspinnerei Cromfort zu Geld und Ansehen gekommen war. Dorothea Brügelmann verkaufte 1855 an den Reichsgrafen Ferdinand von Spee, dieser erweiterte das Schloss 1873 durch einen Anbau, den er im Halbrund um den spitzbehelmten Turm anlegen ließ. Im mittelalterlichen Turm entstand 1890 eine katholische Kapelle, in der bis heute katholische Messen gelesen werden. Teile der Vorburg wurden 1914 durch ein Feuer vernichtet.

Privater Wohnsitz und Eventlocation

Der Landwirt und Lokalpolitiker Clemens Graf von Spee hatte seinen privaten Wohnsitz im Schloss, in einem der Schlossflügel war damals das Archiv des Kreises Mettmann untergebracht. Spee begann ab 1992 mit umfangreichen Restaurierungsarbeiten. Die Türme erhielten neue Schieferdächer und er ließ 1998 die Treppe zur Eingangstür neu bauen. Nach dem Tod des Grafen von Spee im Jahr 2008 übernahmen Isabella und Wilderich Freiherr von Ketteler das Schloss Linnep. Die Sanierungsarbeiten wurden fortgesetzt, 2009 wurde die Terrasse im Innenhof der Vorburg wieder hergestellt. In Zusammenarbeit mit dem städtischen Standesamt ist es seit 2010 möglich, in zwei getäfelten Räumen im Schloss zu heiraten. Nach der Neugestaltung der Remise wurden ab 2011 Veranstaltungen mit bis zu 120 Personen möglich. Seitdem ist das pittoreske Schloss eine gefragte Eventlocation. Besonders beliebtes Fotomotiv ist dabei die Eingangstreppe, auf der die ganze Hochzeitsgesellschaft Platz findet.

Informationen

Das Schloss wird privat bewohnt und kann nur nach Absprache in Teilen besichtigt werden. Die Waldkirche ist nur für Trauungen und Gottesdienste geöffnet.
Der Ratinger Rundwanderweg A 7 beginnt am S-Bahnhof Hösel und führt auf 7,8 km Länge durch den Ratinger Stadtwald, offene Feld- und Wiesenlandschaft zum Schloss Linnep mit seinem idyllischen Schlossteich.

Kontakt

Schloss Linnep
Linnepper Weg 17
40885 Ratingen
www.schlosslinnep.de

Schloss Lüntenbeck – Lebendige Hofgemeinschaft im alten Stiftshof

Als 870 das Damenstift Gerresheim gegründet wurde, zählte das Tal des Bächleins Lüntenbecke schon zu dessen Ländereien und wurde dort bereits ein Tafelhof der Äbtissin erwähnt. Wann die alten Kellergewölbe unter dem heutigen Haupthaus gebaut wurden, ist gänzlich ungesichert. Der Oberhof Lüntenbeck verwaltete eine Hofesgemeinschaft, zu der bis zu 18 Bauernhöfe gehörten.

Vom Stiftshof zum Barockschlösschen

Das Stift nutzte den Hof anfangs selbst und verpachtete ihn ab 1427 an Adelige. Der erste Pächter war Rutger von Karnap, er musste als Pachtzins jährlich 50 Malter Hafer an das Stift liefern. Das historische Schüttmaß Malter variierte je nach Region. Hier im Bergischen Land wurde das Malter mit dem Gerresheimer Maß gemessen, das 169 Litern entsprach.

Adelheid von Brempt hatte 1597/98 Gotthard von dem Bottlenberg, genannt Schirp, geheiratet: Gemeinsam hatten sie zwei Söhne: Johann Reinhard und Franz Gottfried. Gotthard erbte im Jahr 1604 das Haus Lüntenbeck. Seine Frau Adelheid starb jung und Gotthard heiratete 1605 Franziska von Gebhardshain. Ihr Vermögen ermöglichte ihm, allen Wirren des Dreißigjährigen Krieges zum Trotz, den Bau eines repräsentativen Adelssitzes.

Kurz nach Kriegsende entstand ein zweieinhalbgeschossiges Hauptgebäude mit hochbarocken Elementen und einem Turm. Vielleicht wurden zu dieser Zeit auch der Mühlenturm, das östliche Fachwerkhaus und die Vorburg mit all ihren Wirtschaftsgebäuden gebaut, das kann nicht mehr gesagt werden. Die Wetterfahnen auf dem Haupthaus und dem Gesindehaus zeigten das gemeinsame Ehe-

wappen. Nach dem Tod beider Eheleute um das Jahr 1640 ging das Anwesen auf Johann Reinhard über, der Zweitgeborene, Franz Gottfried, suchte sein Glück als Deutschordensritter.

Auch wenn es heute „Schloss" genannt wird, war Lüntenbeck nie Regierungssitz eines Grafen oder Kurfürsten. Die Bezeichnung als Schloss trifft also nicht die Funktion des Gebäudes in adeliger Zeit, sondern den bürgerlichen Blick auf das repräsentative barocke Haupthaus mit dem Zwiebelturm und seinen Nebengebäuden. Historisch war Lüntenbeck ein adeliges Haus. Damit verbanden sich in jener Zeit Rechte und Pflichten wie ein Sitz im Landtag und Kriegsdienst für den Kurfürsten. Außerdem gehörte eine Gutswirtschaft zum adeligen Haus.

Bürgerliche Eigentümer

Sophia Dorothea war die Erbin des letzten Freiherrn von dem Bottlenberg, genannt Schirp. Mit 17 Jahren hatte sie Clemens August von Syberg zu Eicks geheiratet. Als 1784 der Erbfall eintrat, wurde das langjährige Pachtverhältnis beendet. Dafür zahlten sie 2000 Karl d'or (Goldmünzen) an das Stift Gerresheim. Im Anschluss verkauften sie das Anwesen für 40 000 Reichstaler an den Kaufmann Johannes Plücker und zogen sich auf die Burg Eicks in der Eifel zurück, wo Clemens August geboren worden war. Sie hatten 16 gemeinsame Kinder, von denen nur sechs ihren Vater überlebten.

Die Hofanlage von der Wiese im Westen aus gesehen

Der neue Eigentümer Johannes Plücker war in Elberfeld als Bürgermeister und Stadtrichter bekannt. Damit endete gleichzeitig die katholisch geprägte Historie des Gebäudes, denn die Elberfelder waren protestantisch. Johannes Plücker war mit Katharina Gertrud auf der Heyden verheiratet. Von den acht gemeinsamen Kindern erlebten nur drei ihren dritten Geburtstag. Eines davon war ihre Tochter Charlotte. Sie heiratete 1792 den evangelischen Pfarrer Carl Ludwig Pithan. Dieser kaufte nach Johannes Plückers Tod den Geschwistern seiner Gattin deren Anteile am Schloss ab. Sein Enkel Karl Pithan-Hülsenbeck verkaufte das Schloss 1889 an Gustav Römer.

Gemeinsam mit seiner Frau Antoinette Wülfing renovierte dieser das Gebäude und gründete dort eine Schnapsbrennerei. Als Gustav starb, waren so viele Schulden zu begleichen, dass die Witwe und die neun Kinder das Gut 1906 an die Stadt Elberfeld verkaufen mussten. Der Sohn Karl Römer und seine Nachkommen betrieben den Hof weiter als Pächter.

Seit 2000 ist es Eigentum der Schloss Lüntenbeck GmbH & Co. KG. Dieses Familienunternehmen kümmert sich mit ganzer Leidenschaft um das Schloss, das heute eine bunt gemischte Hofgemeinschaft mit Läden, Handwerk, Ateliers, Praxen und Gastronomie beherbergt. Der Saal im Haupthaus wird für Hochzeiten und andere Veranstaltungen genutzt. Aus der Zeit als Wasserburg – falls es jemals eine Wasserburg war – sind noch drei Teiche erhalten.

Informationen

Besucher dürfen jederzeit durch das stets geöffnete Hoftor eintreten und die Gebäude von außen besichtigen. Abends sind Hof und Garten stimmungsvoll beleuchtet. An einigen Wochenenden finden Märkte und Ausstellungen statt. Im Haupthaus befindet sich das Restaurant Schloss Lüntenbeck.

Der Erkundungspfad Schloss Lüntenbeck führt um das Schloss und die Hofanlage herum. Er bietet Besuchern analog-digitale Informationen zu den Schlossgebäuden und der Historie. Einige der insgesamt 14 Tafeln richten sich speziell an Familien und laden dazu ein, nach Bäumen Ausschau zu halten oder ein Lied zu singen.

Kontakt

Schloss Lüntenbeck
Lüntenbeck 1
42327 Wuppertal
www.schloss-luentenbeck.de

Bild links: Hofansicht des Haupthauses von Schloss Lüntenbeck

„Water Island" vor Schloss Morsbroich

Schloss Morsbroich – Deutschordensburg und Kunstmuseum

Der Ursprung Morsbroichs wird im Spätmittelalter vermutet, denn 1328 wurde ein Johannes genannt Moir von dem Broiche urkundlich erwähnt. Letztmalig erwähnt wurde die Familie im Jahr 1389, danach verlor sich ihre Spur. In schneller Folge wechselten die Eigentümer, keiner von ihnen machte sich die Mühe, die Burg vor dem Verfall zu bewahren.

Der Deutsche Orden wird Eigentümer

Im Jahr 1619, kurz nach dem Beginn des Dreißigjährigen Krieges, kaufte Adolf von den Bongardt die Burg. Als Komtur unterstanden ihm die Güter der Ballei (Ordensprovinz) Koblenz. So kam Morsbroich in den Besitz des Deutschen Ordens und war Sitz einiger Landkomture. Einer von ihnen war Heinrich Freiherr von Reuschenberg zu Setterich, der in seiner Wirkungszeit (1662–1671) die Gezelinkapelle neben der Burg wieder aufbaute und den Rittersitz Schlebusch kaufte. Sein Nachfolger Jobst Moritz Droste zu Senden trieb ab 1716 die Verehrung des Seligen Gezelinus von Schlebusch weiter voran und machte die Kapelle zum Ziel festlicher Wallfahrten.

Der Deutsche Orden entschloss sich 1757 zu einem Abriss der ruinösen Burg und baute 1775 an ihrer Stelle ein Lustschloss nach dem Vorbild des Schlosses Falkenlust in Brühl. Rund um das Rokokoschloss wurde ein englischer Garten angelegt.

Der Schlossherr unter Napoleon I. – ein Mörder?

Unter Napoleon Bonaparte wurde das Schloss 1803 der geistlichen Institution entzogen und säkularisiert. Es gehörte nun zum neu geschaffenen Großherzogtum Berg und Napoleon sprach dies seinem Schwager Joachim Murat zu, der ihm zuvor treu als Marschall zur Seite gestanden hatte.

Murat selbst hatte wohl wenig Interesse an seinem Eigentum, jedenfalls überließ er die Verwaltung und Regierung seines Großherzogtums weitgehend seinem Finanzminister Jean Antoine Michel de Agar. Nachdem de Agar im Jahr 1807 die Nichte des Großherzogs geheiratet hatte, schenkte ihm dieser das Schloss Morsbroich und verlieh ihm den an den Schlossnamen angelehnten Titel eines Compte de Mosbourg. De Agar hielt sich jedoch kaum in seinem Schloss auf, weil er in der bergischen Hauptstadt Düsseldorf Präsenz zeigen musste und 1808 nach Italien umzog, nachdem Murat von Napoleon zum Herrscher über das Königreich Neapel eingesetzt worden war.

Nach dem Wiener Kongress und der darauf folgenden Übernahme des Rheinlandes durch Preußen gelang es de Agar, sein Eigentum an Schloss Morsbroich zu behaupten. Im Jahr 1817 verkaufte er es mit den umliegenden Ländereien an den Kölner Bankier Abraham Schaffhausen. Der hochgeehrte Agar starb 1844 in Paris. Das schien alles lange vergessen. Doch 1995 meinte ein angesehener Kölner Hochschullehrer, er habe im Leverkusener Stadtarchiv Beweise für ein Verbrechen gefunden. De Agar habe 1818 seine Frau Alexandrine und die drei gemeinsamen Kinder ermorden lassen, um den Verkaufserlös von 700 000 Francs nicht teilen zu müssen. Ein anderer Kunsthistoriker wies jedoch 2013 nach, dass Alexandrine und die Kinder Achille Letizia und Joachim bereits 1811 in Neapel gestorben waren, die Tochter Caroline 1813 verstarb und der Witwer an ihrem Tod keinerlei Schuld trug.

Die Vorburg

Die Gartenseite

Informationen

Der Außenbereich ist frei zugänglich, das Schlossinnere kann im Rahmen eines Museumsbesuchs besichtigt werden.
Der Skulpturenpark am Museum Morsbroich ist ein Erlebnis. Das Wasserspiel „Water Island, Morsbroich" von Jeppe Hein ist ein betretbarer Springbrunnen, bei dem etwas Geduld erforderlich ist, um trocken das Innere zu erreichen.

Kontakt

Museum Morsbroich
Gustav-Heinemann-Straße 80
51377 Leverkusen
www.museum-morsbroich.de

Museum Morsbroich und der Beuys-Skandal

Kommerzienrat Friedrich Diergardt erwarb das Schloss 1857. Die Stadt Leverkusen mietete das im Krieg stark beschädigte Bauwerk ab 1948 von seinen Nachfahren. Vom ursprünglichen Plan, darin ein Kinderheim oder Altenheim einzurichten, rückte man wieder ab. Stattdessen wurde darin das erste Museum für zeitgenössische Kunst im Deutschland der Nachkriegszeit eröffnet. Im Jahr 1974 kaufte die Stadt Leverkusen das Schloss.

Der Name Morsbroich ging 1973 durch die Presse: Joseph Beuys hatte 1960 ein Kunstobjekt geschaffen, indem er eine Kinderbadewanne mit Pflasterstreifen, Mullbinden, Kupferdraht und Fett bearbeitet hatte. Es war 1973 als Teil einer Wanderausstellung noch nicht in der Ausstellung präsentiert worden, als es bei einem SPD-Fest im Museumslager entdeckt wurde. Die eifrigen Helferinnen reinigten die vermeintlich verschmutzte Wanne zunächst gründlich, um dann Gläser darin zu spülen. Das Kunstwerk wurde nach langen Gerichtsprozessen von Beuys selbst wieder hergestellt.

Burg Neuenberg – Grenzfeste zwischen Berg und Mark

Der Name führt in die Irre: neu sind weder der Neuenberg noch die gleichnamige Burg. Der Berg ist so alt wie der Rest des rheinischen Schiefergebirges, die Burg stammt vielleicht schon aus dem 12. Jahrhundert.

Die Ruine des Torturms von Burg Neuenberg

Die Bergische Grenzfeste

Der Neuenberg lag damals zwischen den Territorien der Grafen von Berg und der Grafen von Mark. In manchen Quelle wird vermutet, dass es sich bei der 1160 unter Graf Adolf II. von Berg genannten Burg „Novus Mons“ (= neuer Berg) um die Burg Neuenberg handelte. Wahrscheinlicher ist aber, dass damit das heutige Schloss Burg an der Wupper gemeint war.

Die Grafen von Berg hatten 1273 die Vogtei Gummersbach an die Grafen von Mark verpfändet und der Fluss Leppe wurde zur Landesgrenze. Zunächst unterhielten die Grafen gute nachbarschaftliche Beziehungen, doch nach der Erhebung der Grafschaft Berg zum Herzogtum im Jahr 1380 wuchsen die Spannungen und führten zu Fehden und kriegerischen Auseinandersetzungen. Gut möglich, dass nun eine Grenzfeste gebaut wurde.

Eine urkundliche Ersterwähnung einer Burganlage auf dem Neuerberg ließ bis ins Jahr 1433 auf sich warten. Die Burg stand damals im Eigentum der Herzöge von Berg. Diese Höhenburg war mit einer Ringmauer umwehrt und konnte nur durch den rechteckigen Torturm betreten werden, dessen Ostecke heute noch erhalten ist. Mindestens zwei Gebäude waren südlich und östlich des Torturms an die Burgmauer angebaut, direkt vor letztgenanntem Bau befand sich der Burgbrunnen. In der nördlichen Burgmauer befand sich ein hufeisenförmiger Flankenturm, in der Nordostecke der Mauer ein runder Turm. Es wird vermutet, dass auf dem Areal vor dem Torturm eine Vorburg gestanden haben könnte,

Herzog Adolf VII. von Berg erkannte die strategisch günstige Position der Burg, denn der Fernweg von Kassel nach Köln und der Verbindungsweg von Gimborn nach Altenberg führten hier durch eine Engstelle, die gut kontrolliert werden konnte. Der Herzog nahm 1436 bis 1439 bauliche Erneuerungen in der Burg Neuenberg vor und machte sie zum Verwaltungssitz für den Amtsbezirk Steinbach. Die jeweiligen Amtmänner wohnten auf der Burg.

Das Zwergenloch

In einer Kalksteinhöhle auf dem Neuenberg wurden Reste von prähistorischen Gefäßen, Knochen und weitere Spuren gefunden. Von der zwölf Meter langen und sieben Meter breiten Höhle unterhalb der Ruine gehen Gänge ab, die in den Berg führen. Es wird für möglich gehalten, dass einer der Gänge zur Burg Neuenberg führte und als geheimer Ausgang diente. Sie wird Zwergenhöhle oder Zwergenloch genannt, denn der Sage nach hatten die Zwerge die Gänge in den Neuenberg geschlagen. Die Zwerge lebten friedlich in der Höhle unterhalb der Burg. Es wird von einem Streit des Neuenberger Burgherrn mit dem Ritter von Eibach erzählt, bei dem die Zwerge der Burgfrau von Neuenberg in höchster Not

Reste der Burgmauer

Fürst Johann I. von Schwarzenberg verkaufte 1782 die Burgruine Neuenberg zusammen mit Schloss Gimborn und Burg Eibach an den hannoverschen Feldmarschall Freiherr Johann Ludwig von Wallmoden. Vermutlich war die Ruine Teil des Kaufvertrags, als Freiherr Franz-Egon von Fürstenberg 1874 das Schloss Gimborn kaufte. Er tauchte ab 1900 als Eigentümer auf, das Gelände befindet sich bis heute im Familienbesitz derer von Fürstenberg.

Erhalten sind noch mehrere Meter hohe Reste des Torturms, der Stumpf des hufeisenförmigen Turms und die Grundmauern des runden Turms. Der Ringgraben und der Ringwall sind im Gelände gut zu erkennen.

Der Burggraben ist noch gut zu erkennen

zur Hilfe kamen. In späteren Jahren wurden die kleinen Fabelwesen von den Menschen enttäuscht, konnten deren Nähe nicht mehr ertragen und verließen die Höhle.

Zerstörerischer Dreißigjähriger Krieg

Auch die Menschen verließen den Neuenberg: Dem Amtmann Wilhelm von Neuhoff missfiel die Berglage der Burg, er verlegte 1545 den Amtsitz ins Tal auf seine Burg Eibach. Die Höhenburg muss aber bis zum Dreißigjährigen Krieg noch in einem bewohnbaren Zustand gewesen sein, denn 1630 erhielt Reichsgraf Adam von Schwarzenberg zu Gimborn die Burg als Mannlehen. Die schwedischen Truppen besetzten die Burg und zerstörten sie bei ihrem Abzug 1632. Danach verfiel die Burg und musste 1663 abgerissen werden.

Informationen

Die Burgruine ist frei zugänglich. Sie lässt sich über den 14 km langen Sagenweg Lindlar erreichen, der vom Busbahnhof Frielingsdorf zur Ruine Eibach und von dort weiter zum Schloss Gimborn und zur Burgruine Neuenberg führt. Von dort geht es zum Zwergenloch und zurück zum Busbahnhof.

Kontakt

Burg Neuenberg
Neuenbergstraße, im Wald oberhalb von Lindlar-Scheel
51789 Lindlar

Burg Overbach – Posten an der Handelsstraße

Verschlossen wirkt die Südseite des Burghauses

Der Ort Much gehört zu den ältesten Kirchspielen im Bergischen Land. Schon in einer Urkunde von 1096 werden Güter des Bonner Cassiusstifts in Much genannt, die Kirche St. Martin stammt aus dem 12. bis 13. Jahrhundert.

Die Ritterburg an der Fernhandelsstraße

Zum Teil wird vermutet, dass zur gleichen Zeit der Ritter Eberhard von Overbach eine Wasserburg gründete, dies lässt sich aber nicht sicher belegen. Im Jahr 1487 wurde ein Ministeriale des Herzogs von Berg mit dem Namen Heinrich von Overbach erwähnt. Vielleicht wurde die Burg Overbach erst in dieser Zeit gebaut. Beide Annahmen passen zu den Ergebnissen der bauhistorischen Untersuchungen, die von 1990 bis 1994 stattfanden. Sie datieren den Bau ins Spätmittelalter, also etwa in die Zeit von 1250 bis 1500. Die Burg diente dem Schutz der Mucher Bleierzgruben und der Zeithstraße, einer Fernhandelsstraße von Bonn über Siegburg und Hagen nach Dortmund.

Das rechteckige Bruchsteingebäude der Hauptburg wurde mit zwei Wohngeschossen und einem steilen Walmdach auf einem hohen Kellersockel aufgesetzt. Im Kellergeschoss wurden sechs Schießscharten ausgespart, um die Burg im Angriffsfall verteidigen zu können. Die Fenster waren wehrhaft gestaltet, also bewusst klein gehalten und zum Teil vergittert. Das Burghaus wurde mit einem Wassergraben umgeben, der vom nahen Gibbinghauser Bach gespeist wird.

Renovierungen und Sanierungen

Es ist nicht bekannt, wie lange die Familie von Overbach die gleichnamige Burg besaß. Im Jahr 1538 wurde bereits ein Albert von Kaldenbach als Eigentümer urkundlich erwähnt. Die Burg wurde mehrfach instandgesetzt, dafür sprechen die Jahreszahlen 1564 auf einem Kamin und 1582 auf einem Türmchen, das heute leider nicht mehr vorhanden ist. Das Burghaus wurde nach und nach mit allem damals bekannten Komfort ausgestattet: ein großer Kamin beheizte die Halle im Erdgeschoss, mehrere kleinere Räume im Obergeschoss sorgten für Privatsphäre der Bewohner, sie konnten sich dort jeweils an kleineren Kaminen wärmen. Neben den Fenstern wurden Sitznischen gebaut, sogar an einen Aborterker wurde gedacht.

Manche Quellen berichten davon, dass Herzog Wilhelm von Berg 1593 die Burg Overbach angegriffen und zerstört haben soll. Dieser Angriff und der entsprechende Wiederaufbau der Burg um 1600 sind umstritten. Die bauhistorischen Untersuchungen konnten hingegen keine Beweise für diesen Angriff liefern.

Die östliche Fassade

Informationen

Das Restaurant Miguel's (www.miguels.de) ist auch für Nichtgolfer zugänglich.
An den ersten beiden Adventswochenenden veranstaltet der Golfclub einen Weihnachtsmarkt mit illuminierter Burg, in der Remise kann eine orientalische Krippe angesehen werden.

Kontakt

Burg Overbach
Overbach 1
53804 Much
www.burg-overbach.de

Wassergraben der ehemaligen Wasseranlage

Eine größere Umbaumaßnahme erfolgte 1685, dabei wurde das Dachwerk komplett erneuert. Das ansonsten sehr schlicht gehaltene Äußere der Burg wurde hofseitig mit einem barocken Fachwerkgiebel versehen, die mittig eingebaute Tür markiert die Stelle, an der sich damals der Kranaufzug befand.

Ein neues Rechtssystem

Der Rittersitz Overbach ging 1721 durch Heirat an Johannes Thomas Joesten, er war damals Schultheiß zu Much. Mit seiner Frau Johanna de Berghes hatte er 15 Kinder, die alle in der Burg zur Welt kamen. Sein Sohn Johann Gebhard Joesten und sein Enkel Heinrich Joseph Joesten traten in seine Fußstapfen und studierten Rechtswissenschaften. Letzterer war ab 1790 Gerichtsschultheiß in Much, später wurde er Richter am Hochgericht im Amt Windeck und Vorsitzender Richter an den Nebengerichten in Much, Eckenhagen und Morsbach. In seine Amtszeit fiel ein Wechsel der Rechtsordnung. Unter Napoleon war ein Großteil des Bergischen Landes von 1806 bis 1813 zum Grand-Duché de Berg et de Clèves geworden. In diesem Großherzogtum Kleve-Berg wurde die Gerichtsbarkeit an den Code Napoléon angepasst. Dieses Gesetzbuch regelte in fünf Büchern das gesamte Zivilrecht und galt noch lange nach Ende der napoleonischen Zeit als Rheinisches Recht weiter. Im 1900 in Kraft getretenen Bürgerlichen Gesetzbuch wurden die Aufteilung in fünf Bücher übernommen, außerdem viele Rechtsmaximen wie die Gleichheit vor dem Gesetz, der Schutz des Privateigentums und das Personenstandswesen. Nach dem Wiener Kongress wurde Heinrich Joseph Joesten 1816 der erste Landrat im neu gegründeten Kreis Waldbröl des Königreichs Preußen.

Der Golfclub Burg Overbach kaufte 1984 die Burganlage, renovierte den Burgturm und die Nebengebäude und betreibt seither eine 80 Hektar große 18-Loch-Golfanlage mit Clubrestaurant. Mitte der 1990er-Jahre erhielt die Burg einen hellen Außenputz.

Burg Windeck – Bergischer Außenposten an der Sieg

Das Windecker Ländchen war schon immer Schauplatz von Grenzstreitigkeiten. Hier standen sich schon Kelten und Germanen gegenüber, später Sachsen und Franken. Wahrscheinlich wurde schon im 8. oder 9. Jahrhundert eine erste Burg auf dem 210 Meter hohen Bergsporn oberhalb der Sieg gebaut. Die Landgrafen von Thüringen nutzten die alte Turmburg und einen etwa 300 Meter nördlich gelegenen Burgneubau, um damit ihren Besitz an der mittleren Sieg gegen den stärker werdenden Druck der Grafen von Sayn zu schützen. Als diese nach 1170 ins Siegtal vorstießen und die Burg Blankenberg bauten, wussten sich die Thüringer nicht anders zu helfen, als den Grafen von Berg die Windecker Burgen zum Lehen anzutragen.

Im Innenhof der Burgruine Windeck

Grenzfeste gegen die Grafen von Sayn

Kaiser Friedrich I. Barbarossa stellte in einer Urkunde aus dem Jahr 1174 klar, dass Graf Heinrich Raspe als Vertreter seines Bruders, des Landgrafen Ludwig III. von Thüringen, auftrat und den Grafen Engelbert I. von Berg mit der neuen Burg belehnt habe und nicht mit der alten. Das „castrum novum in windeke" (Neu-Windeck) muss bereits 1174 eine imposante Burg gewesen sein. Aus dieser Zeit stammt der mächtige runde Bergfried.

Landgraf Ludwig III. verkaufte 1188 Alt- und Neuwindeck für 3700 Mark an den westfälischen Herzog Philipp von Heinsberg, der zu dieser Zeit Erzbischof in Köln war. In den folgenden Jahren ging Windeck wohl an das Haus Brabant. Jedenfalls ernannte Herzog Heinrich II. von Brabant 1247 seinen erst dreijährigen Sohn Heinrich zum ersten Landgrafen von Hessen und belehnte kurz darauf in dessen Namen Graf Adolf IV. von Berg mit Neu-Windeck. Die Grafen von Berg erwarben 1267 auch Alt-Windeck, das aber in seiner Wehrhaftigkeit nicht mehr benötigt wurde. Das Bauwerk wurde bald aufgegeben und verfiel. Heute sind davon lediglich der Mottenhügel, ein Sockel und einige Mauerreste erhalten.

Im 14. Jahrhundert bauten die Grafen von Berg die Burg Windeck aus. Sie war bis zu ihrer Zerstörung im 18. Jahrhundert Verwaltungs- und Gerichtssitz des bergischen Amts Windeck, welches von der Sieg weit nach Norden in das Oberbergische bis nach Eckenhagen reichte. Es waren unruhige Zeiten, die Burg wurde mehrfach verpfändet und besetzt. Die Grafschaft Berg war inzwischen zum Herzogtum Jülich-Berg herangewachsen. Die zahlreichen Fehden verschlangen viel Geld, deshalb verpfändete Herzog Adolf VII. von Jülich-Berg 1435 die Burg und Herrlichkeit Windeck für 10 000 Gulden an seinen Amtmann Wilhelm von Nesselrode. Dieser verpflichtete sich zur Instandhaltung der Burg und nahm kostspielige Ausbauten und Ausbesserungen an der Burg vor. Wahrscheinlich hat er auch den Bau der halbrunden Schalentürme und des Zwingers finanziert.

Zu Beginn des 17. Jahrhunderts wurden erneut Bauarbeiten an der Burg Windeck erforderlich. An der Nordseite wurde zwischen 1602 und 1609 eine Bastion erbaut. Die Bauarbeiten endeten mit dem Tod von Herzog Johann Wilhelm. Er war der letzte Herzog von Jülich-Kleve-Berg. In der Folge entbrannte der Jülich-Klevische Erbfolgestreit, der gleichzeitig ein Glaubenskrieg war. In kurzer Folge wurden für Windeck katholische, lutheranische und calvinistische Amtmänner eingesetzt.

Im Dreißigjährigen Krieg wurde Windeck mehrfach von feindlichen Truppen erobert. Die Befestigungsanlagen wurden 1648, im letzten Kriegsjahr, geschliffen. Die verbleibende Restburg wurde 1672 von französischen Truppen in Brand gesetzt und zerstört. Die Bewohner der umliegenden Dörfer bedienten sich beim Wiederaufbau ihrer Häuser an den Steinen der Burgruine.

Die noch erhaltene Palaswand

Das Landhaus in der Burgruine

Nach dem Wiener Kongress kam die Ruine in preußischen Besitz und der Regierungspräsident sprach ein Abbruchverbot für die noch erhaltene Bausubstanz aus. Oscar Danzier, Landrat des Kreises Waldbröl, kaufte 1852 die Ruine und kümmerte sich um ihren Erhalt. Er veranlasste Aufräumarbeiten, danach legte er Treppen, Wege und eine Parklandschaft an. Auf der südöstlichen Spitze des Burgbergs ließ er 1859/60 auf den Gewölben und Fundamenten der alten Burg das Schloss Windeck anlegen, ein verspieltes Landhaus in mittelalterlichem Baustil. Seine Tochter Arnoldine, die mit dem italienischen Bankier Andrea Caminneci verheiratet war, erbte das Gebäude und ließ es 1899/1900 viergeschossig ausbauen und um vier gotische Türme ergänzen.

Im Zweiten Weltkrieg rettete sich die Windecker Bevölkerung in die dicken Mauern der Gewölbekeller. Ostern 1945 brannte das Schloss nach dem Beschuss durch die Amerikaner vollständig aus. Es wurde in den 1960er-Jahren abgerissen. Nur die Ruine der mittelalterlichen Burg blieb erhalten.

Informationen

Die Ruine ist frei zugänglich. Sie liegt auf der 8. Etappe des Natursteigs Sieg und an dem 8,1 km langen Erlebnisweg Mäanderweg, auf dessen Weg auch ein Altsiegarm, der Siegwasserfall Schladern und das Museumsdorf Altwindeck liegen.

Kontakt

Burg Windeck
Im Thal Windeck
51570 Windeck-Altwindeck

Burg Zweiffel und Malteserkomturei – Historisches Strundetal

Gutes und zuverlässig erreichbares Wasser war zu allen Zeiten wichtig bei der Standortsuche für eine neue Burg. So ist es verständlich, dass nahe der munter sprundelnden Strundequelle gleich zwei sehenswerte Burgen stehen, denn die Strunde wird auch als der fleißigste Bach des Bergischen Landes bezeichnet. Von ihrer Quelle bis zur Mündung in den Rhein durchfloss sie über 50 Wassermühlen, zeitweilig waren bis zu 36 Mühlen gleichzeitig in Betrieb.

Die Burg Zweiffelstrunden

Ein Ritter Gorrfrid von Strune wurde 1251 erstmals urkundlich erwähnt. Danach folgten schriftliche Erwähnungen weiterer Familienmitglieder bis ins Jahr 1341. Sie hatten eine kleine Wasserburg ins Strundetal gebaut, deren genaues Aussehen nicht mehr bekannt ist. Es muss ein wehrhafter Bau gewesen sein, denn die anderthalb Meter dicken Mauern sind noch an einigen Stellen archäologisch nachweisbar. Ab Mitte des 14. Jahrhunderts gehörte die Burg der Kölner Patrizierfamilie Zweiffel und wird deshalb auch Zweiffelstrunden genannt. Sie blieb über 300 Jahre Eigentümerin und stand in hohen Diensten der Grafen und Herzöge von Berg. Zu ihren Besitztümern zählten in späteren Jahren so bekannte Adelssitze wie das Schloss Morsbroich in Leverkusen und die Burg Wissem in Troisdorf. Für Herrenstrunden sind vier Generationen derer von Zweiffel bekannt, Maria von Zweiffel verkaufte die Burg 1585.

Der Kölner Ratsherr Dr. Hermann von Bircken ließ ab 1660 gegenüber der alten Burg Zweiffelstrunden eine barocke Wasserburg erbauen. Das zweigeschossige Burghaus und der dicke, quadratische Wehrturm entstanden 1663. Die spätmittelalterliche Burg wurde mit der neuen Vorburg überbaut, der Wirtschaftshof wurde in Fachwerkbauweise ausgeführt. Er schließt an das Herkenrather Tor an, in dessen Sockel noch die Mauern der alten Burg nachweisbar sind. Damals war es eine geschlossene Burganlage, doch beim Bau der Fürstenbergischen Kunststraße von Mülheim nach Wipperfürth wurden 1848/1849 die Burggräben und Weiher zugeschüttet, das Anwesen wurde von der Straße zerschnitten. Bis heute liegen die Burg auf der einen und die Wirtschaftsgebäude auf der anderen Straßenseite. Ein schwerer Brand zerstörte das Burghaus 1942, es wurde 1978 wieder aufgebaut und wird heute privat bewohnt.

Strahlend schön – Burg Zweiffel

Die Kommende Herrenstrunden

Nur einen Steinwurf entfernt die Strunde hinauf, liegt ein hübsches Burghaus mit roten Schlagläden an einem Teich. Seine Geschichte begann um 1170, als Graf Engelbert von Berg dem Johanniterorden die Gründung einer Niederlassung innerhalb der schützenden Mauern von Burg an der Wupper antrug. Die Ordensritter erhielten einige Ländereien als Schenkungen und Erbschaften, sie gründeten 1270 oder 1290 eine Außenstelle im Strundetal, die später selbstständig wurde. Eine solche Niederlassung von Ordensrittern wird Kommende oder Komturei genannt. Vermutlich geht auch der Ortsname Herrenstrunden auf den Ritterorden zurück, denn es war ja das Gebäude der Ritter an der Strunde.

Die vom Hof räumlich getrennte Lage erwies sich als günstig für die Kommende Herrenstrunden, sie wurde 1328 zur selbstständigen Ballei und war damit das Verwaltungszentrum der Kommenden im Bergischen Land. Während der Reformation teilte sich der Ritterorden. Die Protestanten nannten sich weiterhin Johanniterorden, die Katholiken benannten sich um und bildeten ab 1530 den neuen Malteserorden.

Ihr heutiges Erscheinungsbild erhielt die Komturei im 17. Jahrhundert, als sie im Barockstil wieder aufgebaut wurde. Damals wurde der Hausweiher angelegt, mit dem das Burghaus von allen Seiten gegen Angriffe geschützt wurde. Auf dem zweigeschossigen, verputzten Bruchsteinbau sitzt ein steiles Krüppelwalmdach mit je fünf kleinen Gauben pro Dachseite. Der Türsturz über dem Haupteingang trägt die Jahreszahl 1684 und die Buchstaben J.P.C., deren Bedeutung unbekannt ist.

Nach der Säkularisation und dem Reichdeputationshauptausschuss wurde der Malteserorden 1806 enteignet und die Komturei ging an den preußischen Staat. Sie verfiel in den Folgejahren und es gab Überlegungen, sie als Steinbruch für die Reparaturen an der benachbarten Kirche zu nutzen, doch dazu kam es zum Glück nicht. Die Komturei kam in private Hände. Das Gebäude brannte 1945 komplett aus, der Eigentümer baute es 1950 wieder auf. Das Dach wurde 2005 neu mit Schiefer eingedeckt. Seit 2010 wird in dem historischen Gebäude ein Hotel mit Restaurant und Café betrieben.

Herbstidylle an der Malteserkomturei

Informationen

In der Malteserkomturei lässt es sich vorzüglich speisen. Nachmittags kann die Bergische Kaffeetafel gebucht werden, ein gemütliches „Koffeedrenken met allem dröm on dran".

Eine der schönsten Etappen des Bergischen Wegs ist die Etappe 6 von Altenberg nach Bensberg. Sie führt auch an der Burg Zweiffel und an der Malteserkomturei entlang. Am Wanderparkplatz Burg Zweiffel beginnen zudem einige Rundwanderwege.

Kontakt

Burg Zweiffel
Herrenstrunden 1
51465 Bergisch Gladbach

Malteserkomturei
Herrenstrunden 23
51465 Bergisch Gladbach
www.malteser-komturei.de

Liebevolles Detail an der Komturei

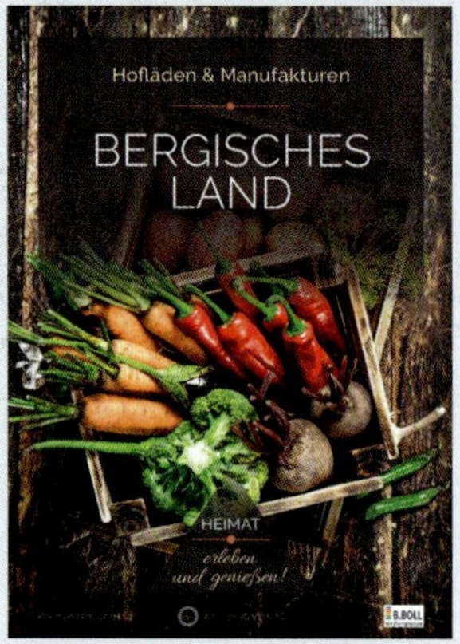

Bergisches Land –
Hofläden & Manufakturen
Rheinland Presse (Hrsg)
128 Seiten, zahlr. Farbfotos
ISBN 978-3-8313-3553-4

Bergisches Land entdecken!
1000 Freizeittipps
Natur, Kultur, Sport, Spaß
Rheinland Presse (Hrsg)
192 Seiten, zahlr. Farbfotos
ISBN 978-3-8313-2896-3

Rheinland – Schlösser und Burgen
Ingrid Retterath
72 Seiten, zahlr. Farbfotos
ISBN 978-3-8313-3307-3

Eifel – Schlösser und Burgen
Ingrid Retterath
72 Seiten, zahlr. Farbfotos
ISBN 978-3-8313-3255-7